中学デビューシリーズ

初心者もぐんぐんレベルアップ
卓球入門

著
三田村宗明
リトルキングス監督
元日本代表
バタフライ契約コーチ

ベースボール・マガジン社

はじめに

　本書を手にとっていただき、本当にありがとうございます。このような形で皆さんと出会いがあることを嬉しく思いますし、私が卓球人生で培ったもので少しでも皆さんのお役に立てれば、という思いで本書を書かせていただきました。

　この本では、正しい基本を身につけ、皆さんがよりスムーズに上達できるよう、私が選手時代に学んできたこと、そして日々の指導の中で大切にしていることなど、たくさんの大事なポイントを紹介しています。これを読んでいただければ、卓球の基本が学べるようになっておりますが、一点気をつけていただきたいのは、私からのアドバイスが読者の皆さん全員に必ずしも当てはまるわけではないということです。選手それぞれで合うコツ、合わないコツは必ずあります。やってみてうまくいかない場合や、指導者から見て合ってないと感じる場合は、その方法にこだわる必要はありません。

　指導法も人それぞれですし、皆さんがすでに教わったことと私が言うことが全く逆ということもあるかもしれません。でもどちらかが正しくて、どちらかが間違っているというものではありません。

　選手として大切なのは、まずやってみて、取り入れるかどうかを自分の中で判断すること。誰か1人の教えを全部鵜呑みにするのではなく、いろいろと試してみて、合いそうなアドバイスを取り入れればOKですし、そのほうが上達も早まります。

　この本を読んで「おぉ、わかりやすい！」「確かにできるようになった！」と思っていただけたら嬉しいです。そして皆さんの卓球がグングン上達し、もっともっと卓球を好きになってくれることを期待しています。

三田村宗明

HOW TO USE　この本を有効に使うために

① 全体を通して読む

② 本の内容を意識しながら実践してみる

③ もう一度、本を読む

④ 修正点を自分で見つけ、実践してみる

⑤ 動画でプレーを見る（QRコードをスマホで読み取る）

⑥ 動画のプレーを意識しながら実践してみる

⑦ 3〜6をくり返す

ABOUT TABLE TENNIS 　卓球の魅力

　卓球の魅力のひとつは、様々なプレースタイル、戦い方があり、どんなタイプでも勝つチャンスがあるということです。

　私のようにフットワークを生かしてフォアハンドで攻めるタイプもいれば、自分は動かずに相手を振り回す"省エネ"タイプもいますし、攻撃が得意、守備が得意、サービスが得意など選手それぞれで個性は違います。

　また卓球には様々な用具があり、それらの違いでもプレースタイルは変わります。たとえば粒高というラバーはクセ球で相手を翻弄する用具で、初・中級レベルではかなりの威力を発揮します。用具の特性をうまく生かすことで強くなる選手も多くいるので、運動が得意ではない人でも勝つチャンスは大いにあるのです。

　プレースタイルを表す言葉に「現代卓球」というものがあります。卓球は年々プレーが進化しており、たとえば20年前と現在のプレーはかなり違います。最先端の卓球という意味で「現代卓球」という言葉が使われるのですが、実は私はこの言葉があまり好きではありません。

　確かに、時代の流行や潮流に合わせた勝ちやすいプレースタイルはありますが、それがすべての選手に当てはまるとは思えないのです。現在は、テンポの速い卓球が主流ですが、僕の中では全員がそのスタイルを目指す必要はないと思っています。ゆっくりな戦い方が合う選手に、無理矢理速い卓球をさせてもきっとうまくいかないでしょう。

　勝てるスタイルは人それぞれ異なります。大切なのは、自分にはどんな特徴があり、何が得意かを分析し、それを踏まえてどうすれば勝てるかを考えることです。最先端の卓球を身につけるのも良いですし、全然違うスタイルに挑戦するのも良いでしょう。これから本格的に卓球を始める皆さんには自由な発想で卓球を楽しんでもらいたいと思っています。

目次

　はじめに ……………………………………………… 2
　HOW TO USE　この本を有効に使うために ……… 3
　ABOUT TABLE TENNIS　卓球の魅力 …………… 4

基礎知識編
PART 1　基礎知識
　ラケット ……………………………………………… 10
　ラバー ………………………………………………… 12
　ボールとユニフォーム ……………………………… 14
　サービスのルール …………………………………… 16
　サービスとラリーのルール ………………………… 18
　知っておきたい技術の用語 ………………………… 20
　回転の種類 …………………………………………… 22

実践編
PART 2　基本テクニック
　シェークのグリップ ………………………………… 24
　ペンのグリップ&構え方 …………………………… 26
　Let's Try! ボールつき ……………………………… 28
　フォアハンド ………………………………………… 30
　CHECK! フォアハンド ……………………………… 32
　Let's Try! 台上でのフォアハンド練習 …………… 34
　バックハンド ………………………………………… 36
　CHECK! バックハンド ……………………………… 38

5

裏面バックハンド(ペンホルダー) ……………………40
バックショート(ペンホルダー) ………………………42
基本のフォアサービス …………………………………44
下回転サービス …………………………………………46
Let's Try! 3ステップ練習法(下回転サービス) ………48
Let's Try! サービスのコース&長短 …………………50
ツッツキ …………………………………………………52
CHECK! ツッツキ ………………………………………54
Let's Try! ツッツキ ……………………………………56

PART 3 攻撃&守備テクニック

フォアドライブ(対下回転) ……………………………58
CHECK! フォアドライブ(対下回転) …………………60
Let's Try! フォアドライブの安定性UP ………………64
Let's Try! 回転をかける感覚を養う …………………66
Let's Try! スピードドライブ …………………………68
フォアドライブ(対上回転) ……………………………70
CHECK! フォアドライブ(対上回転) …………………72
バックドライブ(対下回転) ……………………………74
CHECK! バックドライブ(対下回転) …………………76
バック強打(ドライブ&ミート打法) …………………78
スマッシュ ………………………………………………80
CHECK! スマッシュ ……………………………………82
ブロック …………………………………………………84
CHECK! ブロック ………………………………………86
Let's Try! カウンター …………………………………88

PART 4 フットワーク＆ラリー

フットワーク ... 90
Let's Try! フットワーク（ピョンピョン） ... 92
回り込み ... 94
飛びつき ... 96
両ハンドのラリー ... 98
ツッツキのラリー ... 100

PART 5 サービス＆レシーブ

横回転サービス ... 102
横下回転サービス ... 104
巻き込みサービス ... 106
CHECK! 巻き込みサービス ... 108
バックサービス ... 110
レシーブ ... 112
横回転に対するレシーブ ... 114
ストップ ... 116
CHECK! ストップ ... 118
フリック ... 120
CHECK! フリック ... 122
チキータ ... 124
Let's Try! 2種類のチキータ ... 126

PART 6 3球目攻撃＆練習法

3球目攻撃 ……………………………………………… 128
Let's Try! その他の3球目攻撃 ……………………… 130
Let's Try! 相手に攻めさせる展開 …………………… 132
ラリー練習と多球練習 ………………………………… 134
Let's Try! 練習①フォア＆バックハンド …………… 136
Let's Try! 練習②両ハンドの切り替え ……………… 138
Let's Try! 練習③対下回転ドライブ ………………… 140
Let's Try! 青森山田時代の練習法 …………………… 142
Let's Try! 1日の練習メニュー案 …………………… 144

PART 7 粒高＆カット

粒高のブロック＆プッシュ …………………………… 150
粒高対策 ………………………………………………… 152
カット …………………………………………………… 154
カット対策 ……………………………………………… 156

おわりに ………………………………………………… 158

構成／渡辺友
写真／阿部卓功
協力／小林直喜、望月優愛
特別協力／株式会社タマス

PART **1** 基礎知識

基礎知識編

卓球を始める前に、まずは用具やルールの基礎知識、本書の中にも出てくる技術用語を学ぼう。

PART 1　基礎知識
ラケット

シェークハンドとペンホルダー

　ラケットは「シェークハンド」（シェーク）と「ペンホルダー」（ペン）の2種類があり、ラケットの形状、握り方が異なる。どちらを使うかは自由なので、実際に握ってみて使いやすそうなほうを選ぼう。

名前のとおり、握手するように握るシェークハンド。バックハンド系の技術がペンホルダーに比べるとやりやすいと言われる。

名前のとおり、ペンを持つように握るペンホルダー。シェークハンドよりも細かいテクニックがやりやすいと言われる。

※詳しい握り方のポイントは、p.24～26で解説

卓球のラケットは、本体となる木でできた部分の「ラケット」にゴム製の「ラバー」を貼ることで完成となる。まずはラケットにはどんな種類があるのかを学ぼう。

シェークハンドのフレアとストレート

シェークハンドは、握る部分（グリップ）の形状もいくつか種類がある。代表的なものは末広がりの「フレア」とまっすぐの「ストレート」で、同じラケットでも2つのグリップから選べるケースが多い。形だけでなく太さも微妙に異なり、一般的にはストレートのほうがやや太めだ。

フレア（FL） / ストレート（ST）

ペンホルダーの日本式と中国式

日本式 / 中国式

ペンホルダーには、打球面（ブレード）が縦長で、グリップに人差し指をひっかけるコルクの部分がある「日本式」と、シェークハンドに形が似ている「中国式」の2種類がある。

ラケットは、弾みの強さ、重さなどの違いによりたくさんの種類がある。初級者の場合、弾みすぎ、重すぎのラケットはうまく扱えないので、適度な弾みと重さのラケットを選ぼう。具体的には5枚の板を貼り合わせた木材を使った「5枚合板ラケット」がおすすめ。回転をかける感覚も覚えやすいラケットだ。

11

PART 1 基礎知識
ラバー

回転がかけやすい定番の「裏ソフト」

ラバーの中で最もオーソドックスなのが「裏ソフトラバー」。表面が平らで摩擦力に優れており、回転がかけやすいのが特徴だ。初級者は、まず裏ソフトから始めて、卓球で重要な回転の仕組みを学んでいこう。

 Point 裏ソフトの中にも様々な種類、カテゴリーがある。初級者の場合、ラケットは弾みが抑えめのものを選んだほうが良いが、ラバーまで低反発にしてしまうと威力が足りなくなってしまうので、攻撃型の選手であれば「テンション系」と呼ばれるタイプのものを選ぼう。

スポンジの「厚さ」も重要

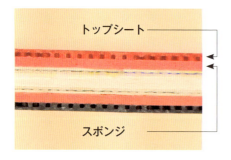

トップシート
スポンジ

ラバーは、表面の「トップシート」とラケット側の「スポンジ」の2層構造になっている。スポンジには厚さの種類があり、厚くなるほどに弾みが増して、重量も重くなる。初級者の場合は「中」か「厚」でスタートして、徐々に厚くしていくほうが良い。

卓球で大切な「回転」に大きく関わってくるのが「ラバー」だ。ラバーにも様々な種類があるので、それぞれの違いをしっかりと覚えよう。

弾くプレーに向く「表ソフト」

表面が粒形状になっている「表ソフト」。裏ソフトに比べると回転はかけにくいが、相手の回転の影響を受けづらく、またパチンと弾くような打法に向くラバーだ。一般的にはバック面に貼る選手が多い。

独特の回転を生み出す「粒高」

表ソフトよりも、細長い粒形状のものが「粒高」だ。自分から強い回転をかけることはできないが、相手の回転を利用するプレーに向き、裏ソフトとはまったく異なる独特の変化球を生み出すことができる。

Point

粒高を使う選手でも、ラケットの片面は回転がかけやすい裏ソフトを貼るのが基本。両面とも粒高にしてしまうと、自分から回転を作ることができなくなってしまい、プレーの幅が狭まってしまうからだ。性質の異なる2種類のラバーを組み合わせることで、多彩な技術を使うことができ、相手のミスを誘いやすくなる。

PART 1 基礎知識
ボールとユニフォーム

公認球と練習球

卓球のボールは、直径40mm、重さ2.7gとルールで決まっている。公式の試合で使うことができる高品質の「公認球」と、練習用で価格を抑えた「練習球」の2種類があり、見分けられるように公認球には三ツ星（★★★）が描かれている。

公認球

品質が均一で打球時のボールのブレが少ない公認球。値段は1つ約300円

練習球

公認球よりはブレがあるが、1つ100円程度で購入できる練習球

ちなみに、ひと昔前は直径38mmでセルロイド製だったが、現在は40mmのプラスチック製にルールが変更されている。昔のボールと区別がつくように、現在のボールには「40」の文字と、プラスチック製を表す「+」が描かれている。

一般的なチームでは、通常の練習は練習球を使い、ゲーム形式の練習では公認球を使うというように、使い分けるケースが多い。公認球もメーカーによって微妙に打球感が異なるので、大事な大会では、どのメーカーのものが使われるのかもあらかじめ確認し、同じボールで練習しておくことも大切だ。

ボールは、試合で使える高価なボールと、練習で使う価格を抑えたボールの大きく2種類に分けられる。またユニフォームは、公式の試合で着用できるものがルールで決まっているので、間違えなように気をつけよう。

ユニフォームは公認ワッペン付きを着る

卓球のユニフォームは、半袖と短パン（スコートも可）が基本。日本卓球協会の公認ワッペンがついており、公式の大会には上下ともにワッペン入りのものでないと出場することはできない。

シューズに関してはルールで定められていないので自由。競技としてプレーするのであれば、動きやすく、滑りにくい卓球用シューズを履こう。

公式の大会ではゼッケンも着用。日本卓球協会主催の大会では公認ゼッケンのみが認められるが、オープン大会ではオリジナルゼッケンでもOK。

PART 1 基礎知識
サービスのルール

自分のコートにバウンドさせる

　サービスとは、ラリーの1球目のことで、サーバー（サービスを出す人）が自分でトスしたボールを打って相手のコートに入れる。構えた時は、フリーハンド（ラケットを持っていないほうの手）の手のひらにボールを乗せて静止してから、ほぼ垂直に16cm以上ボールを投げて、ボールが落ちてくるところを打たなければならない。打球したボールは、自分のコートと相手のコートの両方にバウンドさせるのがサービスのルールだ。

手のひらに乗せて静止

16cm以上ほぼ垂直にトス

落ちてくるところを打つ

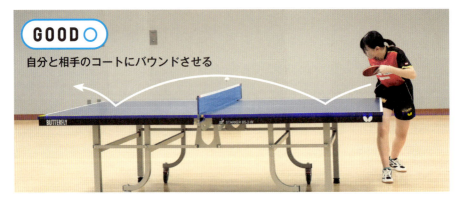

GOOD ○
自分と相手のコートにバウンドさせる

サービスは正しく出せないと、公式の大会の時に「ルール違反による失点」となることもあるので、普段の練習からルールを意識して練習しよう。

よくあるサービスのルール違反（構え）

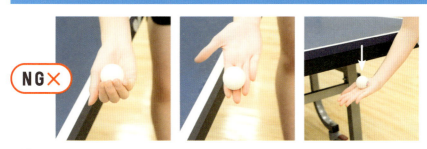

　構えの時は、広げた手のひらの上にボールを乗せるのがルール。指を丸めてボールを持ってしまったり（写真左）、指の部分に乗せるのはダメ（同中央）。またボールは常に相手に見えなければならないため、トスの時に手が下がって、台でボールが見えなくなるケース（同右）もルール違反だ。

よくあるサービスのルール違反（トス）

　トスはほぼ垂直に投げ上げなければならない。フォアサービスで自分側にななめに投げ上げる人が多いので注意しよう（下写真）。またトスが低くなってしまう人もいるので、しっかり16cm以上上げることも意識したい。

PART 1　基礎知識
サービスとラリーのルール

トスをしたら、フリーハンドは避ける

サービスを出す時は、常に相手にボールが見えるようにしなければならない。ボールをトスした後は、フリーハンドでボールを隠さないようにすぐに外に出そう。

エンドラインより手前から出す

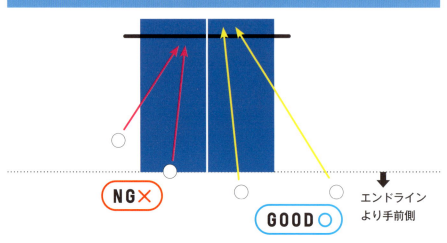

　構えから打球するまでは、ボールは常にエンドライン（台の端のライン）より手前になければならない。ボールが台に重ならないように注意しよう（手や腕が台に重なるのはOK）。エンドラインより手前から打てば、サイドライン（台の横側の端）より外側から出すサービスもルール上はOKだ。

ここではサービスやラリーの間違えやすいルールをいくつか紹介しよう。たとえばラリーの場合は、ラリー中にフリーハンド(ラケットを持っていないほうの手)で台を触ったり、台を動かした場合は、打った人の失点になる。

自分のコートで1度バウンドしたボールを打ち返す

サービスの後の返球は、常に「自分のコートに1度バウンドしたボール」を打ち返さなければならない。バウンドする前に打ったり、2度以上バウンドしてから打つのはミスとなる。

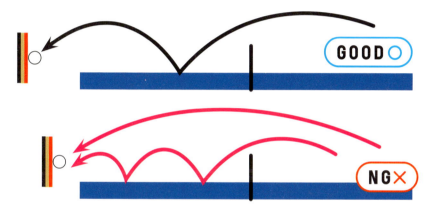

間違えやすいラリーのルール

下記は間違えやすいラリーのルール。左は返球として認められるケースで、右はミスとなる(打った人が失点)ケースなので、しっかり覚えよう。

○指に当たって返球 ○ネットではなくサポート（支柱）に当たってから入った ○逆の手にラケットを持ち替えて打つ	○服に当たってから打ち返す ○打球時にネットに触った ○ラリー中にフリーハンドで台を触った ○打球時に台を動かした

PART 1　基礎知識
知っておきたい技術の用語

利き腕側のフォア、反対側のバック

　卓球ではラケットを持っている利き腕側を「フォア」、反対側を「バック」と呼び、「フォアハンド」「フォアサイド」など様々な用語で使われる。またコートの中央は「ミドル」と呼ぶが、ミドルは「フォアハンドで打つかバックハンドで打つか迷うコース」という意味で使われることもあり、その場合はコート中央ではなく、選手の体の正面付近(ややフォア側)を指す。

　スイングに関する用語として、打球前にラケットを引く動作を「バックスイング」、打球後のスイングを「フォロースルー」、打球の瞬間を「インパクト」と言う。

23ページからの「実践編」にも出てくる、基本的な技術用語を紹介。また卓球で大切な回転についての基礎知識も解説しよう。

コースの用語「ストレートとクロス」

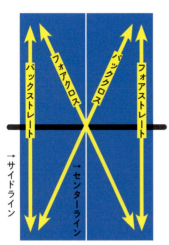

打つコースを表す言葉として、卓球台の対角線上のコースは「クロス」、まっすぐのコースは「ストレート」と呼ぶ。それぞれ、フォア側から打てば「フォアクロス」「フォアストレート」、バック側から打てば「バッククロス」「バックストレート」となる。また卓球台に関する名称、「エンドライン」「サイドライン」「センターライン」も覚えよう。

打球タイミングを表す言葉「打球点」

技術解説でも出てくる打球タイミングを表す言葉。ボールが自分のコートでバウンドしてからすぐを打つ場合は「早い打球点」、遅いタイミングでボールが落ちてくるところは「遅い打球点」と言う。またボールの軌道の一番高いところは「頂点」と呼び、頂点より早めか、遅めかで「頂点前」「頂点後」という言葉も使われる。

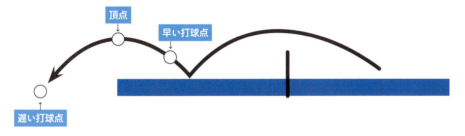

PART 1　基礎知識
回転の種類

上回転、下回転、横回転

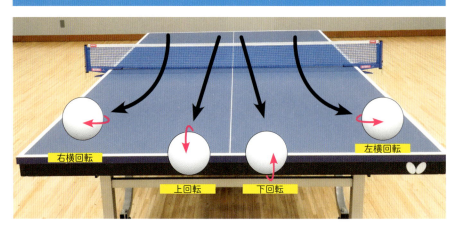

右横回転　上回転　下回転　左横回転

　ボールの回転にはいくつかの種類があり、それぞれ飛び方や打球した時の跳ね返り方が異なるので、その性質も覚えておきたい。

　「上回転」は最も基本的な回転で、ボールの進行方向に向かって回転。打球するとボールは上方向に跳ね返る性質がある。一方、逆の回転である「下回転」は打球するとボールが下方向に跳ね返る性質があるので、下回転のボールを打つ時はネットミスに気をつけて、高めに返球する必要がある。

　上・下回転とは別に横方向に回る「横回転」もある。上から見て時計回りに回る「右横回転」は、受ける側から見て左側にカーブしながら飛ぶ性質があり、打球すると回転の影響で右側に跳ね返る。反時計回りの「左横回転」は、右横回転とは反対の性質を持つ。また、ななめに回転する「横下回転」や「横上回転」もあり、回転をかけない無回転は「ナックル」と呼ばれる。

回転をかけたサービスの一例。ラケットを右から左に動かして、「左横回転」をかけている

22

実践編

- PART 2 基本テクニック
- PART 3 攻撃＆守備テクニック
- PART 4 フットワーク＆ラリー
- PART 5 サービス＆レシーブ
- PART 6 3球目攻撃＆練習法
- PART 7 粒高＆カット

卓球には多くの習得すべきテクニックがある。まずは基本技術からスタートし、徐々に応用テクニックにも挑戦。そして身につけた技術を試合の中で使いこなせるよう練習を繰り返そう。

PART 2　基本テクニック
シェークのグリップ（握り方）

親指＆人差し指ではさみ、中指～小指で柄を持つ

　親指と人差し指で打球面をはさむようにして持ち、中指から小指の3本で柄の部分を持つのが基本的なグリップだ。人差し指が立って、打球面の内側に来てしまう人がいるので、ラケットの端に置くよう意識しよう。

フォア面

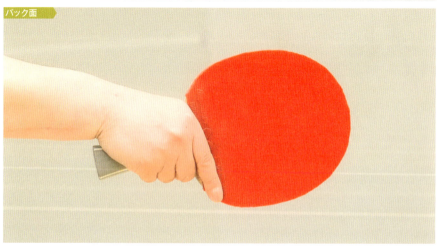
バック面

ボールを打つ前に、まずはラケットの握り方を学ぼう。シェークハンドラケットは、その名のとおり「握手」するように握る。人によって、握りの「深さ」が異なるので、自分の打ちやすい形で持つことが大切だ。

「深い」グリップと「浅い」グリップ

握り方は人によって微妙に異なり、柄の根本をガッチリと握るグリップが深い人（写真左）もいれば、少し余裕を持って握るグリップが浅い人（写真右）もいる。握りの深さをいろいろと変えながら、持ちやすく、打ちやすいグリップを探そう。

深い

浅い

ニュートラルグリップで握ろう

グリップには、フォアハンド（p.30〜31）が打ちやすい「フォアグリップ」とバックハンド（p.36〜37）が打ちやすい「バックグリップ」があるが、どちらかに大きく偏った握り方になると、一方の技術が打ちにくくなってしまう。基本的にはどちらも対応しやすい、中間の握り方「ニュートラルグリップ」で握ることが大切だ。

フォアグリップ

ニュートラルグリップ

バックグリップ

親指と人差し指の中間にラケットがあるのがニュートラルグリップ。親指側に傾くとフォアグリップ、人差し指側に傾くとバックグリップとなる。ニュートラルグリップを基本にしながら、打球時にフォア＆バックグリップに少しズレるのはOKだ。

PART 2　基本テクニック
ペンのグリップ&構え方

親指&人差し指でグリップの付け根をつかむ

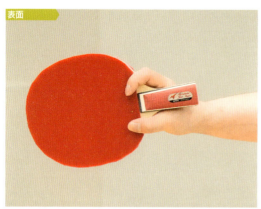
表面

ペンホルダーラケットは、親指と人差し指で柄の付け根部分をつかむようにして握り、中指・薬指・小指で裏側の面の中央付近を支えるのが基本のグリップ。裏側の3本指が広がってしまうと打球時に邪魔になるので、揃えて軽く曲げるくらいが良い。

ペンにも深い、浅いがあるので、いろいろな打法を試しながら、やりやすい握り方を探そう。

裏面

NG×

Point　シェークとペン共通して大切なのが、「力みすぎない」こと。強く握ってしまうと、腕全体に力が入ってスムーズにスイングできなくなってしまうからだ。ただし、脱力しすぎも良くないので、握手するぐらいの力加減で握ろう。

グリップを学んだら、次は構え方もチェック。正しい基本姿勢を作ることで力強いスイング、素早いフットワークが可能になる。いわゆる「棒立ち」で構えてしまう人は気をつけよう。

スタンスは肩幅よりも足1個分広めに

前傾姿勢をキープ

ひざは曲げて足より内側に

肩幅よりも広く

右足は左足よりも後ろに

　両足は、肩幅よりもシューズ1個分広くし、右足をやや後ろに下げる。また右足のつま先もまっすぐ正面ではなく、やや右側に向ける。ひざは曲げて、外側にひざが開かないように注意しよう（ひざは足より内側に）。上半身は少し前に倒して、前傾姿勢をキープすることも大切だ。

Point
台との距離は、構えた状態でラケットが台にさわるくらいの位置で構えよう。台に近すぎて、常にラケットが台の上にある状態だと、長く飛んできたボールへの対応が難しくなってしまう。

27

PART 2 基本テクニック
Let's try!

均等な力で連続してボールを飛ばす

　台について打球する前に、初歩練習として「ボールつき」をやってみよう。ボールを真上に飛ばして、連続で打球する練習だ。フォア面のみ、バック面のみでできるようになったら、それぞれを交互に行う練習にもチャレンジ。ボールつきで打球時の力加減のコントロールを身につけることができる。

フォア面で

バック面で

Point 安定して続けるには、力加減を一定にして、均等な力、均等な高さで飛ばすことがポイント。またラケットの向きがグラつくといろいろなところに飛んでいってしまうので、ラケットは常に水平に保とう。

効果的な練習法
ボールつき

回転をかけるハイレベルな感覚練習

　中級者向けの回転をかける感覚練習。ラケットは打球面を上に向けた状態で構えて、反対の手にボールを持つ。ななめ上からラケットにボールをぶつけるようにして投げると同時に、ラケットを左側にスライド。ボールに回転がかかり、上方向に飛ぶので、それを爪の上でキャッチ。うまくいくと爪の上でボールがクルクルと回転する。初心者には難しいボール遊びだがチャレンジしてみよう。

ななめ上からボールを投げる準備

ラケットも動かして回転をかける

爪の上でキャッチ＆ボールが回転

ボールが上に飛ぶ

PART 2 基本テクニック
フォアハンド

体の横（腰の高さ）にラケットを引いて、おでこに向かって振る

基本姿勢で構えて、ボールが来たら、体の横、腰の高さくらいにラケットを引いて準備をする（バックスイング）。自分のコートでボールがバウンドしたら、手首をおでこに近づけるイメージでななめ上にスイングしてボールを前方に飛ばす。

ラケットを台の高さまで下げながら体の横に引く

ラケットが正面に向くくらいまで引いてボールを待つ

卓球における最も基本的なテクニックで、ラケットハンド側（右利きの場合は右側）に来る上回転のボールを打ち返す技術。強くは打たず、丁寧にラリーを続ける意識で練習しよう。

おでこに向かってスイングしながら体のななめ前で打球する

PART 2 　基本テクニック
CHECK!

ボールのななめ上をとらえて、打球面は動かさない

打球を安定させるには、ボールのどこをとらえるかを意識することが大切だ。フォアハンドの場合はボールのななめ上、時計で考えた場合の10時〜10時半あたりと覚えよう。

真横から見た図

卓球台

10時付近をとらえるラケットの角度を作ったら、スイングの中ではその角度は変えずに、できる限りキープする。左下写真のように、スイングの中でラケット角度が変わるとコントロールが定まらず、不安定になってしまう。

GOOD ○
10時の角度はそのまま

NG ×
下に向いてしまう

自己点検してみよう
フォアハンド

ラケットを前に押し出すスイングはNG

ラケットを前に押し出すスイングにならないように注意しよう。あとから覚えるドライブやスマッシュなどの攻撃テクニックが身につきにくくなってしまうからだ。

体を回しすぎる人は左手を置く練習で改善

上半身が回りすぎ

フォアハンドは体・腰を回転させながら打つことが大切だが回りすぎはNG。動きすぎる人は、フリーハンド（ラケットを持っていないほうの手）を台につけてフォアハンドの練習をしよう。自然と安定した体勢での打球になるはずだ。

PART 2　基本テクニック
Let's Try!

ネットの近くで小さく振るところからスタート

　フォアハンドの初歩練習としておすすめなのが、台の上（ネットの近く）で行う練習法だ。練習者は台に近づいた状態で構え、相手に多球練習形式（p.134）で短いボールを送ってもらい、コンパクトなスイングで打球する。小さいスイング、かつネットに近いので初級者でも安心して打つことができ、コントロールしやすくなるのがメリットだ。
　この位置で安定して打てるようになったら、少しずつ台から距離をとり、スイングを大きくして、通常の打ち方に近づけていくとフォアハンドは習得しやすくなる。

効果的な練習法
台上でのフォアハンド練習

台上でのフォアハンド

通常のフォアハンド

ボールは「弧線で飛ぶ」を意識しよう

　基本のフォアハンドでは、ボールを直線的に飛ばすのではなく、山なりに弧線を描くように飛ばそう。弧線にすることで安定して相手のコートに入れることができるからだ。そしてスイング時も弧線を意識することが重要なポイント。ボールの軌道がイメージできれば、自然とそれに合わせたスイングになっていく。

　フォアハンドに限らず、卓球ではどんな軌道で飛ばすのかをイメージできると正しいスイングが覚えやすくなるので、常にボールの軌道も意識しよう。

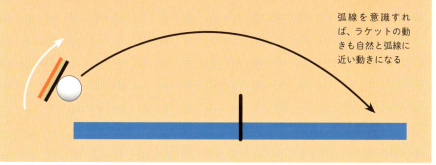
弧線を意識すれば、ラケットの動きも自然と弧線に近い動きになる

PART 2 基本テクニック
バックハンド

バック面を正面に向けて、体の正面で打球する

　ボールが来たら、バック面を正面に向けて、体側に小さくバックスイングをとる。フォアハンドと同じくボールの10時くらいをとらえて、ラケットを右上前方向にスイング。体の正面でボールをとらえて前方に打ち返す。

正面から

バック面を前方に向けてバックスイングを開始

体の近くまでボールを呼び込む。あわてて手を出さないように注意

フォアハンドと同じく、最も基本的なテクニック。体の横で打つフォアハンドに対して、バックハンドは体の正面に来るボールに対して使う技術だ。

動画でチェック！

横から

力を入れすぎず、ラケットをななめ前に振る

PART 2　基本テクニック
CHECK!

本を読む姿勢＆フォア面の鏡に自分の顔を映す

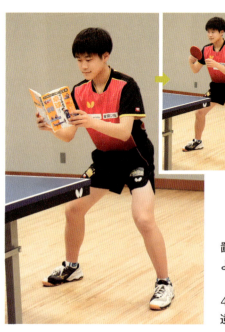

バックハンドの時の姿勢、ラケットの位置の目安としては「本を読む時の形」と覚えよう。自然な感じでひじも曲がるはずだ。
　ラケットの先端は無理に真横に向けずに45度くらいでOK。脇を完全に閉じたり、逆にひじを高く上げたりはしない。

ラケットの向きはフォアハンドと同じくボールの10時くらいを打球する。「フォア面（打球しないほうの面）の鏡に自分の顔が映るように」と覚えると適切な角度がわかりやすくなる。

自己点検してみよう
バックハンド

左手の横で打つと打球ポイントがわかりやすい

　バックハンドでは左手（フリーハンド）を前に出して、「左の手のひらの横で打つ」と意識すると打球ポイントが定まって安定する。打球時に左手を後ろに引きながら打ってしまう人もこのポイントを意識しよう。

バックハンドも打球面は変えずに打つ

　フォアハンド同様、打球しながらラケットの向きが変わってしまうと安定した打球にならない。特に左写真のように打球面が上を向いてしまう人は多いので注意しよう。

PART 2 基本テクニック

裏面バックハンド（ペンホルダー）

基本的な打ち方はシェークのバックハンドと同じ

　ボールが来たら裏面を正面に向けて、体側に小さくバックスイング。シェークのバックハンドと同じくボールの10時くらいをとらえるようにして、ラケットを右上前方向にスイングする。

ボールに合わせて、ラケットをおなか側に引く。ラケットの先端は少し下げる

打球面（裏面）を打球方向に向けながら、ボールを迎え入れる

40

ペンホルダーラケットの裏面を使うバックハンドテクニック。
基本的な打ち方はシェークのバックハンドと同じだ。

打球面は下に向けない

裏面バックハンドは打球面が下に向きやすく、ネットミスしやすいので注意が必要だ（右写真）。打つ時の角度（10時）をキープしながらスイングする意識を持とう。バックスイングではラケットの先端を少し下げたほうがラケットの角度は作りやすくなる。

右ななめ上にスイングして打球。手首を使いすぎないように注意

PART 2 基本テクニック

バックショート（ペンホルダー）

まっすぐ前に押し出して打球

　フォアハンドを打つ時と同じ面で打球するペンのバックハンド技術。打球面を前方に向けて、体の正面で打球する。ひじを支点にしてななめ右に振るバックハンドとは異なり、バックショートはまっすぐ前に押し出す動きとなる。

正面から

表面を正面に向けて、おなかの前でラケットをスタンバイ

脇を締めたまま、ひじを後ろに引いてバックスイング

ペンホルダーラケットの表面を使うバックハンドテクニック。現在は裏面バックハンド（p40〜41）を使う選手が多いが、裏面にラバーを貼らない片面ペンの選手はこのショートが必須技術となる。

ヘッドは上に向かない

ラケットの先端はほぼ真横に向けて打球する。右写真のようにヘッドが上がってしまうと、面がかぶさりすぎてネットミスが多くなるので注意しよう。

NG×

ひじで前に押し出すイメージで打球する

PART 2　基本テクニック
基本のフォアサービス

コンパクトなスイングでミスを減らす

　体を横に向けて構えて、体の正面でトスしたボールをフォアハンドの要領で打球する。スイングが大きくなるとミスしやすくなるため、コンパクトに振ることが重要。台の真ん中付近を狙って出そう。

ボールのすぐ後ろにラケットを置いて構えたら、トスと同時にラケットを引く

落ちてくるボールに合わせてラケットを前に振り始める

最も基本的なサービスで、フォアハンドとほぼ同じスイングで打球する。
狙ったコースにミスなく出せることを目標に練習しよう。

動画で
チェック！

横から

構えの位置とほぼ同じポイントで打球。ラケットの面はまっすぐ立てたまま

PART 2　基本テクニック
下回転サービス

ボールの下側をこすって下回転をかける

　まずは体を横方向に向けて構え、打球面を上に向けて前方向にスイングし、ボールの下側をこすることで下回転をかける。最初から強い回転をかけようとはしないで、正確にボールをとらえられるスイングスピードで練習しよう。

横を向いて、打球面を上に向けてボールをトス

ラケットを後ろに引いてバックスイング

試合で必須のサービステクニック。下回転サービスを出して、相手にツッツキでレシーブさせて、3球目をドライブで攻めるのが、オーソドックスな得点パターンだ。

本を読む時の姿勢で

バックハンドと同じく最初の構えは、本を読む時の姿勢をイメージ。打球時も同様の距離感で打つ。打つポイントが体から遠くなったり、近すぎたりしないよう注意しよう。

横から

ボールのななめ下をとらえて、手前にバウンドさせる

47

PART 2　基本テクニック
Let's Try!

STEP① まずはトスの正確性を身につける

サービスを安定させるにはトスの正確性が重要だ。まずは、ボールをトスして、構えたラケットの上に落とす練習をしよう。最初の構えは、p.47で紹介した本を読む姿勢を意識する。

STEP② ボールの下をただ「こするだけ」

　ステップ1ができるようになったら、ボールがラケットの上に落ちる瞬間に前にスイングして、ボールの下側をこすってみよう。この段階では、相手のコートに入れようとはせず「こする」とらえ方だけ意識することが重要だ。

48

効果的な練習法
3ステップ練習法（下回転サービス）

STEP③ バウンド方向にラケットを刺すように振る

バウンド位置に向かって
ラケットを刺すイメージ！

こするとらえ方がわかってきたら、台を3等分して、ネット側のライン（上図）にバウンドさせることを目標に打球する。この時、バウンドする位置に向かって「ラケットを刺す」ようにスイングすると飛ばす方向が安定する。

止まった位置から回転をかける練習

こする感覚を養う練習法。ラケットの上にボールを乗せて静止。その状態からラケットを前にスライドさせて、ボールを回転させつつ前方に飛ばす。しっかり回転がかかっているか確認しながら行おう。

PART 2　基本テクニック
Let's Try!

3つのコースに出せるようにする

安定してサービスが出せるようになったら、コースを狙って出す練習に挑戦しよう。まずはフォアサイド、ミドル、バックサイドの3コースに打ち分けることが目標となる。長いサービス、短いサービスの両方で出せるようにしたい。
またコースを狙う練習では「的当て」も効果的だ。的を狙って練習することで、練習効果もアップする。

効果的な練習法
サービスのコース&長短

動画でチェック！

下回転は目指せ2バウンド

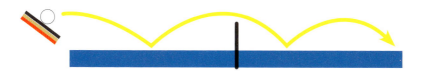

　下回転サービスは、相手コートで2バウンド以上するような短さで出すのが理想。長くなると相手にレシーブで強打されてしまうからだ。p.49で説明したように、台のネット寄りの位置に第1バウンドを作ると短いサービスになりやすい。

ロングサービスは手前に第1バウンドを作る

　通常の上回転サービスが出せるようになったら、それを低く速く出す「ロングサービス」にも挑戦しよう。
　ロングサービスも第1バウンドの位置が大切で、できる限り手前、エンドライン近くにバウンドさせる。第1バウンドのスペースをエンドラインから30cmほど空けて、棒やタオルを置く練習法もおすすめだ（右写真）。

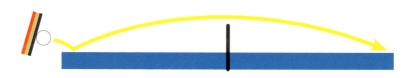

PART 2 基本テクニック
ツッツキ

飛ばしたい方向にそのままラケットを出す

　下回転が来たら、打球面をななめ上に向けて打球位置に近づき、ボールのななめ下をとらえ、飛ばしたい方向にそのままラケットを差し出すイメージ。フォアツッツキは体のななめ前、バックツッツキは体の正面で打球する。大きくスイングすると飛びすぎてしまうので、バックスイングはなるべく小さくすることがポイントだ。

ラケットをななめ前に出して打球の準備（ラケットは引かない）

ボールのななめ下をとらえて、飛ばしたい方向にラケットを運ぶ

下回転のボールを打ち返す時の基本テクニック。ラケットをななめ上に向けて、ボールのななめ下をとらえる。打ち返すボールも下回転がかかって返球される。

 Point 最初から回転をかけようとすると難しくなるので、まずはななめ下をとらえて、ネットの向こう側に「ボールを運ぶ」イメージで練習しよう。慣れてきたら、少しずつ当て方を強くして、鋭い返球にレベルアップしていく。

フォアと同じく、ラケットは引かずにボールを待つ

ラケットをななめ上に向けて、まっすぐ前に押し出す

PART 2 基本テクニック
CHECK!

4時半くらいをとらえる。上に向けすぎ注意

ツッツキが苦手な人で多いのが、打球面が完全に真上を向いて、ボールの真下をとらえてしまうケース（上写真）。ボールが高く浮きやすく、失点につながってしまう。ツッツキではボールの4時半（7時半）くらいをとらえる角度で打球しよう。

自己点検してみよう
ツッツキ

右足を出して、体でボールを運ぶイメージ

　短いボールを打つことが多いツッツキで大切なのが、しっかり足を出すこと。基本的には右足を出して、「右ひざの上で打球する」イメージを持つと良い（これはあくまでイメージであって、実際にはひざよりも前で打つことになる）。
　また出す右足のつま先を打ちたい方向に向けることもポイント。つま先によって体全体も打つ方向を向くことになり、腕のスイングではなく体でボールを運ぶ感覚も身につきやすくなる。

PART 2　基本テクニック
Let's Try!

ななめ下をとらえて質を高める

　ツッツキの質を高めるコツとして、ぜひ取り入れたいのが、ボールの少し横側をとらえるテクニックだ。たとえばバックツッツキであれば、ボールの真後ろのななめ下側（右図青丸）ではなく、少し左側（赤丸）を打つ。横回転が加わることで、カーブする軌道になり、短く止まりやすくなる。相手としては強く攻めにくいツッツキになるのだ。

ななめ下をとらえるフォアツッツキ

自分から見て少し右側を打球

質を高めるポイント
ツッツキ

ラケットのどこに当てるかも意識する

　加えて、ラケットのどこに当てるかも意識すると、サイドをとらえるツッツキがやりやすくなる。フォアツッツキの場合は、ラケットの先端の少し左側、バックツッツキの場合はやや右側のエリアでとらえよう。

ななめ下をとらえるバックツッツキ

自分から見て少し左側を打球

PART 3　攻撃&守備テクニック
フォアドライブ（対下回転）

ひざの位置までラケットを引いて、上方向にスイング

　基本打法のフォアハンドをベースにしつつ、ドライブではバックスイングでラケットをひざの高さくらいまで下げることがポイントだ。そこから上方向にスイングしてボールに上回転をかける。最初から低く速いボールにすると安定しないので、まずは山なりにゆっくり飛ばすところから始めよう。

ボールが来たら、ひざの高さまでラケットを下げる

自分のコートにボールがバウンドするタイミングでバックスイングが完了

ドライブは強い上回転をかけて返球する最も重要な攻撃テクニック。まずはツッツキに対して攻められるように、下回転に対する打球で基本的なスイングを身につけよう。

おでこの左前に右手が来るイメージでラケットを振り上げる

PART 3　攻撃&守備テクニック
CHECK!

「はじく」と「こする」の違いを理解する

　ドライブを学ぶうえで、まずは2種類のボールのとらえ方を理解しよう。ボールにラケットをまっすぐ当てる「はじく」は、回転よりもスピード重視の打法で、スマッシュ(p.80～81)で軸となるとらえ方。一方「こする」はラバーに対してボールをななめに食い込ませることで強い回転を作り出すとらえ方。ドライブでうまく回転がかからない人や飛びすぎてしまう人は、はじく打ち方になっていないかチェックしてみよう。

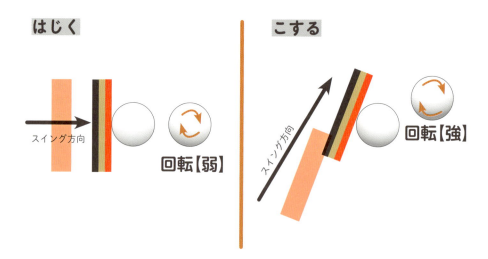

音にも注意。「カキン！」と鳴った時はこすれていない

　「はじく」と「こする」は打球した時の音でも判断ができる。こすった時は小さい音で、ゴムでボールをとらえる音になるが、はじいた時は「カキン！」と木でボールをとらえる大きく乾いた音が鳴る。音の違いは、下回転サービスなど回転をかける他のテクニックの練習でも役に立つので活用しよう。

自己点検してみよう
フォアドライブ（対下回転）

フォアドライブのチェックポイント

打つまでの準備段階で気をつけたいポイント。下回転のボールはバウンドで失速して、打球タイミングが取りづらいので、太ももまで引きつけることを意識しよう。

上体
猫背にならないように注意。腰に力を入れて、体が倒れすぎない

体の向き
体はバウンド位置に向けるイメージ。正面を向いたまま打たない

ラケットの引き方
ひざの位置までラケットを下げる

ひざ
ひざ、股関節を曲げて、体全体の姿勢は低くする

打球タイミング
右太ももの上までボールを引きつけて打球

PART 3　攻撃&守備テクニック
CHECK!

ラケットの厚さ3枚分かぶせた角度を作る

　ラケットの向きは、垂直よりも少し下に向ける(かぶせる)。目安としてはラケットの厚さ3枚分傾けると覚えよう。そしてスイング中はその角度をキープしたまま振り切ることが重要だ。

初歩段階は、体は大きくは使わない

　中・上級になったら、しっかりと腰をひねって、体全体を使った強いドライブを打てるように練習していくが、初級者が最初から体を使いすぎると難しくなるので、体の動きは小さめでOK。

　どうしても体が動いてしまう人は、左手を台に置いて打球する練習がおすすめ。打球タイミングがバラバラになりやすい人にも効果的だ。

　まずはこすり上げるスイングで回転をかける感覚をつかみ、慣れてきたら徐々に体を使った速い打球に挑戦しよう。

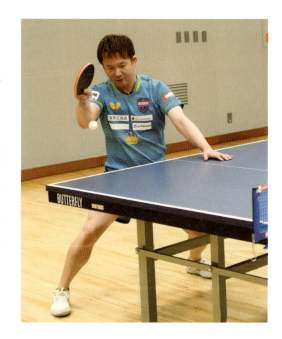

自己点検してみよう
フォアドライブ（対下回転）

ひじがラケットを追いかけるスイング

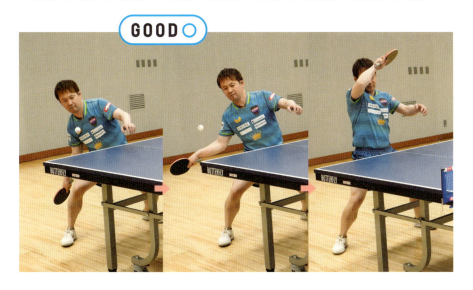

　ムダのないスイングワークにするために意識したいのが、ラケットにひじが付いていく動きだ。

　よくある悪い例が、ラケットはななめに動いているのに、ひじが上に動いてしまうケース（左写真）。ラケットと腕の動きの連動がうまくいっていないため威力が出しづらく、ラケット角度も変わるのでミスしやすい。ラケットとひじを同じ方向に動かすことを意識しながら、まずは素振りでスイングを確認したい。

　基本打法のフォアハンドでも重要なポイントなので、フォアハンドのフォームが気になる人はチェックしよう。

PART 3 攻撃&守備テクニック
Let's Try!

ネットの高さの3倍を狙う

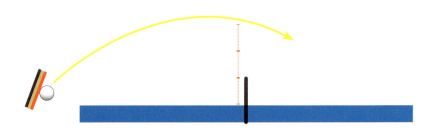

　下回転に対する打球は思ったよりも低く飛んでネットミスするケースが多いので、まずはネットの高さの3倍を狙って打つことがポイント。確実にネットを越えられるようになってから、徐々に低く飛ばせるようにしていく。最終的にはネットすれすれでも強い回転をかけられるようにしよう。

軌道の頂点を自分のコートの真ん中に作る

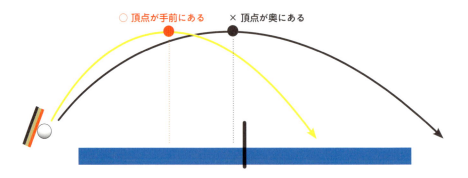

　オーバーミスが多いケースでは、頂点（軌道の一番高いところ）を自分のコートの真ん中に作ることを意識しよう。ボールの落下地点を手前に作ろうとするよりも、頂点を意識したほうが飛距離が抑えやすくなるのだ。

効果的な練習法
フォアドライブの安定性UP

棒を使って「ネット3倍&頂点手前」の練習

「ネットの高さ3倍」「頂点を手前に作る」の2つを意識するための練習法。サポート役が練習者のコートの中央あたり（頂点を作る付近）、ネットの3倍くらいの高さで棒を持ち、それを越えて相手コートに入れられるようにする。

対下回転ドライブは多球練習がおすすめ

下回転に対するドライブ練習では、1球のボールで行う「ラリー練習」ではなく、送球者から送られるボールで行う「多球練習」のほうが短時間でたくさん打つことができるのでおすすめだ。p.135で送球方法、p.140〜141で具合的な練習メニューを紹介するので参考にしよう。

送球者（奥）が下回転を送る　　フォアドライブで返球。これを繰り返す

PART 3　攻撃&守備テクニック
Let's Try!

ボールを転がして、落ちてくるところをこすり上げる

　回転をかける感覚がつかめない人におすすめの練習法。台の上でボールを転がしてもらい、落ちてくるところを下から上にスイングしてこすり上げる。山なりに飛んで、ボールがネットを越えたら合格だ。ボールを正確にとらえるために、最初はできる限りコンパクトなスイングで打球しよう。

効果的な練習法
回転をかける感覚を養う

人差し指で回転をかける台上練習法

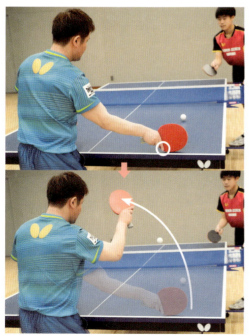

p.34～35で紹介した短いボールに対するフォアハンド練習のドライブバージョン。短い下回転を送ってもらい、それを台上でドライブをかける。

この時、人差し指の指先でボールを回すイメージを持つことがポイント。また腕全体ではなく、ひじから先の前腕を使って打球する。

まずは手先で回転をかける感覚をつかんでから、徐々に体全体の動きを足すとドライブは覚えやすくなる。

PART 3 　攻撃&守備テクニック
Let's Try!

引く位置&角度は変えずに、前方にスイング

　ドライブが安定して入るようになったら、より速いボールで打ち抜く「スピードドライブ」にも挑戦しよう。ポイントは、バックスイングのラケットの位置、ラケット角度を通常のドライブと同じにすること。速く打とうとして、ラケットの位置が高くなったり、角度をかぶせ気味にする人は多いが、それだとネットミスしやすくなる。バックスイングは同じにして、そこからやや前方向に振りつつ、左足を前に踏み込むことで速い打球になる。また速いだけではなく、しっかり回転をかけることも忘れてはいけない。

通常のドライブのバックスイング。ラケットの角度や高さは、スピードドライブ（下写真）とほぼ同じ

横から

通常の下回転と同じ高さ、ラケット角度でバックスイング

応用テクニックに挑戦
スピードドライブ

体を回転させながら前方にスイング。強い打球でスピードを出す

PART 3 攻撃＆守備テクニック

フォアドライブ（対上回転）

コンパクトなスイングからスタート

　基本的な打ち方は下回転に対するドライブと大きくは変わらない。フォアハンドのスイングをベースにしながら、こすり当てるようにしてボールをとらえて上回転をかける。最初から大きいスイングにせず、コンパクトな振りから始めよう。

ラケットを下げながらバックスイングを開始

バックスイングでのラケットの高さは、対下回転よりも高くなる

ドライブは下回転に対してだけではなく、上回転に対しても使うテクニック。それぞれの打ち方は微妙に異なるので、正確に打ち分けられるようたくさん練習を繰り返すことが大切だ。

動画でチェック！

おでこ前に向かってスイングして、ボールに上回転をかける

PART 3 攻撃&守備テクニック

CHECK!

バックスイングの高さ

　対上回転のフォアドライブは、対下回転よりもやや高い位置から振り始める。上回転のボールを下から振ると高くなってオーバーミスするからだ。2つのドライブの打ち分け練習では、バックスイングでのラケット位置の違いに注意しながら打球しよう。

軌道はネットの高さの2倍

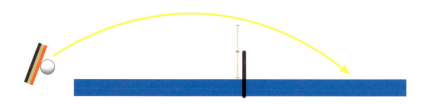

　対下回転では「ネットの高さ3倍」を狙うと説明したが、対上回転では「2倍」を狙う。このようにどこを狙うかを意識すれば、自然とラケットの角度やスイングの方向も変わり、適切な打球に近づいていくはずだ。

自己点検してみよう
フォアドライブ（対上回転）

相手の回転を利用するイメージ

ボールが落ちやすい対下回転では、自分の力でしっかりと回転をかける意識が必要になるが、対上回転では相手の回転の影響で勝手に回転がかかってくるので、「相手の回転を利用する」意識が重要だ。ボールは体の横まで引きつけるのではなく、少し前でとらえると回転が利用しやすくなる。

打球点は体のななめ前

ミスしない範囲で回転を上乗せしよう

対下回転とは異なり、対上回転のフォアドライブに関しては急いで習得しなくても大丈夫だ。まずは基本のフォアハンドを試合の中でも使いこなせるようにして、威力がほしくなってから少しずつドライブに移行すれば良い。

またドライブに挑戦する時も、最初から大きく強いスイングにすると難しいので、まずはフォアハンドに少し回転をかける程度でOK（下写真）。いきなり威力を求めるのではなく、ミスしない範囲内で徐々に回転量を上乗せしていこう。

ドライブの軽打バージョン。p.70～71のスイングよりもコンパクトでスイングスピードも遅い

PART 3　攻撃＆守備テクニック

バックドライブ（対下回転）

ラケットを下げて、先端を回しながらななめ上に振り上げる

　フォアドライブと同様に、バックスイングでラケットを下げて、上方向に振り上げながら打球する。ラケットの先端を回すことでスイングスピードがアップして強い回転をかけることができる。

ボールに合わせてバックスイングを開始

台の下までラケットを下げて、体の前までボールを引きつける

強い上回転をかけるドライブのバックハンドバージョン。バックサイドのツッツキに対しては、バックドライブと回り込みフォアドライブ（p.94〜95）の両方を使えるようにしよう。

動画でチェック！

ラケットの先端を回すイメージでななめ上にスイング球する

PART 3　攻撃&守備テクニック
CHECK!

基本姿勢は「抱き枕」の形

　バックドライブでは体とラケット（打球ポイント）の間に空間を作ることが重要。ラケットが近すぎると詰まってしまい回転がかけにくくなるからだ。
　構えでは、体の前に抱き枕をイメージして、それを両手で抱くような体勢を作ろう。自然と体の前にスペースができて、理想の姿勢になる。

　抱き枕の形を作る時に、手首を内側に曲げることもポイントのひとつ。まっすぐだとスムーズなスイングができなくなる。

自己点検してみよう
バックドライブ（対下回転）

親指の向きを変えることでラケットヘッドを回す

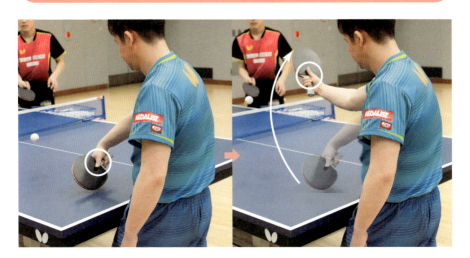

　バックドライブは親指の向きがポイント。バックスイングでは親指の先をやや下向きにし、そこから親指を上に向けるようにスイングするとラケットヘッドが回った理想のスイングになる。上写真は、短いボールを送ってもらい台上で打球する初歩練習を、親指を意識しながらスイングしているシーン。バックドライブもまずは短いボールに対する練習からスタートしよう。

親指の側面でボールを回すイメージ

回転をかける時は、親指の側面（左写真）でボールを回すイメージで打つ。

PART 3　攻撃&守備テクニック

バック強打（ドライブ&ミート打法）

相手の回転を利用するイメージ

　上回転に対するドライブのバックハンドバージョン。フォアドライブと同じく相手の回転を利用するイメージを持ちながら、回転をかけることがポイント。ミート打法に比べて安定しやすいメリットがある。

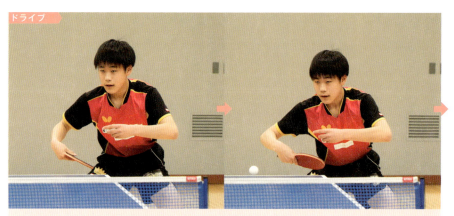

打球面をやや下に向けた状態でバックスイング

ボールのななめ上をとらえ、回転を利用するイメージでこすり打つ

より攻撃的なバックハンドとしては、強く上回転をかけるドライブと、回転はかけずにはじき打つミート打法の2つがある。両方とも試してみて自分に合うほうを伸ばしていこう。

動画でチェック！

コンパクトなスイングで前方にはじく

　こすらず、はじく打ち方でバックハンドでのコンパクトなスマッシュというイメージ。弧線を描くドライブに比べ、直線的に飛ぶミート打法は安定性に欠けるが、相手としてはタイミングが合わせづらいというメリットがある。

打球面を前に向けた状態でバックスイング

回転はかけずにまっすぐ前にはじき飛ばす

PART 3　攻撃＆守備テクニック
スマッシュ

左足で踏み込みながら、ボールを上から下にたたきつける

　威力を出すために、体を大きくひねってバックスイングし、左足で前に踏み込みながら体全体を使って打つスマッシュ。高いボールに対しては、上から下にたたきつけるようなスイングになる。

正面から

フリーハンドも一緒に大きく体をひねる

高い位置にラケットをセットして、体を正面に向けながら打球

強いスイングで叩きつけるようにして打球するフォアハンドでの決定打。基本的には高く浮いたボールに対して使う。低いボールに対するスマッシュは難易度が高いので、無理にスマッシュしないほうが安全だ。

鋭いスイングで振り抜き、上から下にたたきつける

PART 3 攻撃＆守備テクニック

CHECK!

スマッシュの形を覚える2ステップ練習法

　相手に高めのボールを送ってもらい、打球する位置で左手でボールをキャッチする（上写真）。慣れてきたら、次はキャッチしようとする左手をラケットでたたくイメージでスイングし、打球する（下写真）。左手を出すことで自然と理想的なバックスイングになり、体を使ったスイングを覚えることができる。

自己点検してみよう
スマッシュ

打球ポイントは投げる時の「リリースポイント」

　スマッシュでの打球ポイントは、ボールを投げる時に手からボールが離れる位置、「リリースポイント」とほぼ同じ。まずはボールを投げて、自分のリリースポイントを確認してからスマッシュをするとどこでボールを打てば良いかがわかりやすくなる。

スマッシュは「肩より上」のボールだけでOK

　スマッシュは肩より高いボールの時だけ使うと考えよう。スマッシュするかどうかの判断があいまいになると低いボールに対しても攻めて、ミスが増えてしまう。
　肩より低いボールに対する強打では、スピード重視のドライブ（下写真）のほうが良い。スマッシュよりもスピードは出ないがミスしにくく、また相手のボールに微妙な回転がかかっている時もドライブならば安定して入れることができるのだ。はじき打つスマッシュは回転の影響を受けやすく、ミスしやすいので注意が必要だ。

PART 3　攻撃&守備テクニック
ブロック

小さいフォアハンドのイメージ&上から押さえつける

　基本打法のフォアハンドをベースに、より小さく、よりゆっくりとスイングする。打ち返すというよりは、当てるだけというイメージだ。ただしブロックでは上方向には振らず、ボールを上から押さえつけて、沈ませるような意識で打つことがポイント。

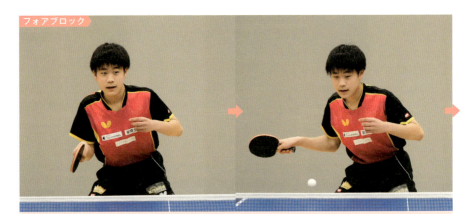

ボールに合わせてバックスイング。基本的な形はフォアハンドと同じ

上から押さえるイメージで打球。ラケットは上には行かない

ドライブなどの相手の強打に対する守備的なテクニックがブロックだ。ラケットは大きく動かさず、相手のボールの威力を吸収するイメージで優しく打球することがポイントになる。

ラケットヘッドは回さず、体から30cm離して打つ

　基本的なスイングはバックハンドとほぼ同じで、ブロックの場合はラケットヘッドは回さずにそのまま前に出す。ラケットが体に近づきすぎないよう、30cmくらい離して打球することを意識しよう。

体から30cmくらい離した位置でラケットを構える

軽く当てるだけのイメージで、バックハンドのようにヘッドは回さない

PART 3　体の使い方
CHECK!

オーバーミスに注意。ネットの白線＆短くを狙う

　初歩段階では、相手のドライブの回転に負けて高くなってしまうことが多いので、ネット上部の白線を狙う意識で打とう。同時にネット近くに短く飛ばす意識もあると飛距離が抑えられ、オーバーミスが少なくなる。

胸の高さで打球。バウンド直後では打たない

　打球の位置はおおよそ胸の高さ。無理に早い打球点でとらえようとするとネットミスしやすいので、初歩段階では少し待つくらいの意識でボールをとらえよう。

効果的な練習法
ブロック

ツッツキからの連係。台との距離感に注意しよう

　実戦でのブロックはツッツキなど他の技術との連係で使うことがほとんどなので、それらとセットで練習することが重要だ。その時に意識したいのが台との距離感。下写真はバックツッツキからバックブロックのお手本で、ツッツキで前に出た後、後方にステップして台との距離を確保してから打球している。実戦でブロックがうまくいかない人は、距離感がバラバラになっていることが多いので、ここに注意しながら練習をしよう。

相手のショートサービスに対して右足を出してバックツッツキ

ツッツキの後すばやく後ろに戻り、相手のドライブに対してバックブロック

PART 3　攻撃&守備テクニック
Let's Try!

ブロックの次は、より攻撃的に返すカウンターに挑戦

　相手のドライブに対してはミスしにくいブロックで返すのが基本だが、レベルが上がるとより攻撃的に返す「カウンター」技術も必要になる。ブロックで返すだけでは相手に連打されて、点につながらないからだ。

バックスイングを開始。ラケットは下げない

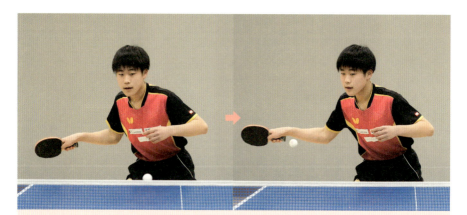

打球直前まではフォアブロックのイメージ

応用テクニック
カウンター

動画でチェック！

横から

ブロックと同じ構え＆打球の瞬間にボールを転がす

　ここで紹介するのは、ブロックに少し威力を加えたフォアハンドカウンターの初歩バージョン。打球までの準備はブロックと同じ。ラケットを引いてしまうと正確にボールをとらえられなくなるので、ブロックの体勢で待って、打球の瞬間に軽くボールを転がすイメージでラケットを前方にスイングさせる。

ボールを転がすイメージで打球。強く押しは加えない

PART 4　フットワーク&ラリー
フットワーク

フットワークの基本は両足でジャンプ

　足の動かし方としては、動きたい方向に向かって両足同時に小さくジャンプするだけ。「どちらの足から動かせば良いか」など難しいことは考えず、同じリズムで両足を「ピョンピョン」させれば、フットワークの基本はOKだ。

フォアサイドでフォアハンド

ミドルでフォアハンド

足が止まった状態では、いろいろなコースのボールに対応することはできない。しっかりと「フットワーク」を使って、適切な位置に動いて打球することがラリーを安定させるための重要なポイントだ。

動画でチェック！

　下写真は基本的なフットワーク練習の一例。練習者（写真手前）のフォアサイドとミドルに交互に返してもらい、左右に動きながらフォアハンドで返球する。まずは規則的に動くフットワーク練習から始めて、基本の動き方を身につけよう。

両足でジャンプしてミドルへ移動

両足でジャンプしてフォアサイドへ移動

PART 4 フットワーク&ラリー
Let's Try!

①フォアハンドのスイングと同時に両足でジャンプ

②ラケットを引きながらもう1度ジャンプ。①②を連続で繰り返す

効果的な練習法
フットワーク（ピョンピョン）

動画でチェック！

ピョンピョンと飛びながらフォアハンドの素振り

　フットワークの基本の動き、リズムをつかむための練習法。フォアハンドの素振りをしながら、スイングする時と戻る時（バックスイング）に1回ずつ小さくジャンプをする（左写真）。ピョンピョン飛びながら、リズムに合わせて素振りをしよう。

　慣れてきたら、次は体の回転も加えて、ピョンピョンのスイングを行う（上写真）。素振りでジャンプの感覚を覚えたら、基本的なフットワーク練習の時にこの動きを意識すれば、スムーズに動けるようになるはずだ。

ピョンピョンしながらのスイング練習は、動き方をわかりやすくするためにあえて大げさに行っている。実際のプレーでは、体の上下動は小さいほうが良いので、慣れてきたらジャンプの高さは抑えめにして、横方向へ飛ぼう。ピョンピョンしつつ、足を滑らせながら移動するイメージだ。

PART 4 フットワーク&ラリー
回り込み

バックサイドに両足でステップし、体を横に向ける

　下写真はバックサイドにツッツキされたボールに対して、回り込んでフォアドライブで攻めたプレー。左足に右足を近づけるようにしてバック側に素早くステップし、同時にバックスイング。回り込んだ後は、左足が前に出て、体は横向きの体勢となる。

「回り込み」とは、バックサイドのボールをフォアハンドで打つ時に、バック側に動くフットワークのことを指す。回り込んでのフォアハンドを身につけることでより攻撃的なプレーが可能になる。

動画でチェック！

台との距離感を保つために左手をつけて回り込む

元の立ち位置

　回り込みで気をつけたいのが台との距離感。回り込んだ後に台に近づくケースが多いので注意したい。距離感が定まらない人は、バック側の台の角に左手をつけたまま回り込む練習がおすすめだ。動く時は「おしりをひねる」とイメージすると、自然と右足が引かれてスムーズに回り込むことができる。

　体全体を使えるフォアハンドは、バックハンドよりも威力が出しやすく、高いボールの強打がやりやすいというメリットがある。「回り込み」を身につけ、コートの広い範囲をフォアハンドで攻められるようになると得点力は大きくアップする。

95

PART 4　フットワーク&ラリー

飛びつき

右足を1歩出しながらバックスイングをとる

　飛びつきは、まず右足（右利きの場合）を1歩外側に出しながらバックスイングをとり、スイングと同時に左足をフォアサイドに大きく踏み出して打球する。右足を出さずにその場でラケットを引くと、遠いボールに届かなくなるので右足の1歩は必須だ。

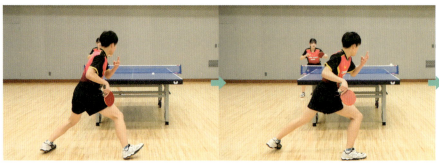

「飛びつき」とは、フォアサイドの遠いボールに対して大きく移動しながらフォアハンドで打球する動作を指す。回り込んだ後にフォアサイドを狙われた時は、飛びつきで対応しよう。

ジャンプ＆90度回転でフォアハンド

　飛びつきの動き方、打球タイミングがわからない人は、打球と同時にジャンプして、体を90度回しながら打つフォアハンド練習をしよう。先に紹介したピョンピョンしながらスイングする時のイメージだ。まずはその場でクルッと回るだけでOK。慣れてきたら、少し離れたところにボールを送ってもらい、フォア側にジャンプ＆体を回転させながら打ってみよう（上写真）。これを繰り返していけば、飛びつきの基本的な動きは身につくはずだ。

 飛びついて終わりではなく、相手が返したボールをもう1度フォアハンドで打てるようにしたい。そのためには飛びついた後は、左足に重心を残しておき、フォア側に体が流れないようにしよう（右下写真）。

PART 4　フットワーク&ラリー
両ハンドのラリー

ひじの位置は、フォアハンドでは横、バックハンドではやや前に

　下写真はフォアハンド→バックハンド→フォアハンドのラリー。ムダがなくフォアからバックへ、バックからフォアへスムーズな切り替えができている。ひじの位置はフォアハンドでは体の横、バックハンドではやや前にあるのが基本となる。

全面に来るボールに対して安定して返せるように、フォアハンドとバックハンドを混ぜた「切り替え」練習が大切だ。スムーズに切り替えるには、コンパクトなバックスイングが重要になる。

動画でチェック！

フォアハンドの引きすぎに注意

バックハンドからフォアハンドに切り替える時によく見られるのが、ラケットを引きすぎてしまうケース。振り遅れの原因となるので、体より後ろにひじを引かないよう注意しよう。

コンパクトなバックスイング

後ろ＆下にラケットを引きすぎた状態

左手をつける練習でスイングを改善

打球を安定させるには、フリーハンドを基本の位置にキープすることが重要だ。初級段階では左手を台につけての切り替え練習もおすすめ（右下写真）。フォアハンドでラケットを引きすぎるクセもつきにくくなる。

PART 4 フットワーク&ラリー
ツッツキのラリー

右足を1歩出す&ひじは常に体より前に

　ツッツキのラリーでは右足を出す基本動作を忘れないように注意したい。腕の力ではなく右足のステップでボールを運ぶイメージだ。出した右足は打球後に戻すが、完全な基本姿勢ではなく、連続してツッツキできるようにひじは常に体よりも前に置いておこう。打てそうなボールが来たら、そこから引いてドライブの体勢に入っていく。

試合でも多く見られるツッツキのラリーは、初・中級者が鍛えたい重要な展開のひとつ。フォアツッツキ、バックツッツキを自由に使い分けられるよう実戦的な練習も行おう。

遠いバック側は左足で対応

右足を出しての打球が基本となるが、バックサイドに大きく揺さぶられた時などは左足で対応する。状況に応じて柔軟に足を出そう。

おなかに触ってツッツキ

ツッツキでもフリーハンドが動きすぎないように注意しよう。左写真のように大きく動いてしまう人は、フリーハンドでおなかを触りながら打つ練習でクセを直すことができる（右写真）。

ツッツキだけの試合にチャレンジ

ツッツキの実戦力を高めるには、ツッツキのみのゲーム練習がおすすめだ。安全につなげているだけでは得点できないので、厳しくコースを突いたり、回転に変化をつけるなど、工夫する意識が自然と生まれてくる。

PART 5 サービス&レシーブ
横回転サービス

ラケットを垂直に立てて、ボールの後ろをこする

ラケットを右から左にスイングして、ボールの後ろ側をとらえて右横回転をかける（右利きの場合）。打つ瞬間のラケット角度はほぼ垂直となり、ラケットの先端が下を向く。打球時に体側に指を引くことで、上回転の強い「横上回転」になる。

グリップをはずした握り方にして、ラケットを後ろに引く。

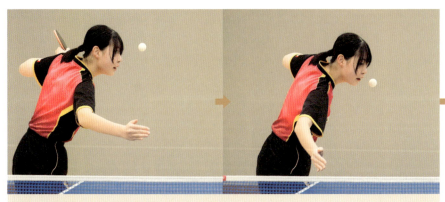

落ちてくるボールに合わせて、スイングを開始。

ボールの後ろ側を横方向にこすって横回転をかけるフォアサービス。このスイングを軸にしながら、ラケット角度やスイング方向を変えることで、横上回転や横下回転（p.104〜105）も出すことができる。

動画でチェック！

グリップをはずすことで角度が作りやすくなる

フォア面

バック面

フォアサービスは左写真のように中指・薬指・小指をはずす握り方にすることがポイント。手首の自由度が増して、いろいろな角度が出しやすくなる。

横から

ボールの後ろ側を横方向にこすって横回転をかける。

PART 5 サービス&レシーブ

横下回転サービス

ボールのななめ下をこする

横回転と横下回転は基本的なスイングは同じで、ラケット角度とボールをとらえる位置が変わる。横回転は垂直に立ててボールの後ろ側をとらえるが、横下回転はななめの角度でボールのななめ下をこする。

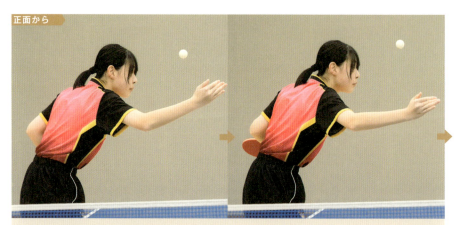

グリップをはずした状態でラケットを引く。

ななめの角度を作りながらスイングを開始。

ラケットのななめ下側をこすって、横下回転をかけるフォアサービス。下回転が混ざることで相手のネットミスを誘うことができる。

横回転

横下回転

下回転

ラケット角度によって回転が変わる。垂直に立てる横回転(左)に対して下回転は打球面が上を向く(右)。横下回転(中央)はそれらの中間の角度だ。それぞれのひじの位置(わきの開き)の違いも意識しよう

横から

わきを閉めて、ボールのななめ下をとらえる

PART 5 サービス&レシーブ
巻き込みサービス

ひじを背中側に引いて準備

　打球面を相手側に向けた状態で、ひじを背中側に引いてバックスイング。ラケットを左から右にスライドさせて、左横回転をかける（右利きの場合）。下写真はボールの後方をこする横上回転。ボールの下側をこする横下回転（p.108〜109下段）にも挑戦しよう。

正面から

背中側にひじを引きながらバックスイング。

スイングを開始するが、ラケットは体に隠れて見えない。

通常の横回転サービスとは逆方向の横回転をかけるサービステクニック。打球直前までラケットが体で隠れるため、回転がわかりづらいというメリットもある。

「順横」と「逆横」の両方をマスターしよう

フォアサービスはp.102〜103のような打ち方が基本で、このようなサービスを「順横回転サービス」と言う（右利きの場合は右横回転がかかる）。それに対して、逆方向の横回転をかける巻き込みサービスなどは「逆横回転サービス」と言う（右利きの場合は左横回転）。試合では順横と逆横、両方のサービスを混ぜることで相手を惑わすことができ、より効果的なサービスになる。

横から

ラケットを横方向に動かして打球。打球点は胸の前（高くならないように注意）。

107

PART 5 サービス&レシーブ
CHECK!

巻き込みサービス用のグリップにしよう

完成

巻き込みサービスに適したグリップの作り方を説明しよう。まず通常の握り方で構えて(写真①)、手は動かさず、ラケットを12時から2時の角度に傾ける(②)。そこから手首を手前側に曲げて完成(③)。親指が打球面の中央付近にくる握り方となる。

横下回転バージョン

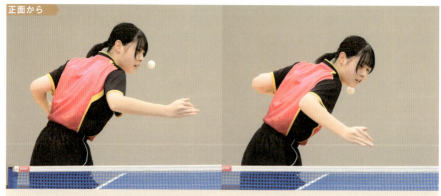

正面から

打つ直前の形は横上回転とは変わらない。

自己点検&効果的な練習法
巻き込みサービス

ひとりでできる「巻き込み」練習法

巻き込む動きを覚えるためのひとりでできる練習法。巻き込みのスイングでボールの下側をこすり、回転をかけながら体の前方向にボールを飛ばす。バウンドしながらボールが自分側に戻ってきたら合格。この練習を繰り返すことで、逆横回転をかける感覚が養われる。

ボールの下をこすり、打球後にラケットを振り上げることで横上回転に見せる。

PART 5　サービス&レシーブ
バックサービス

横方向にスイングし、体の正面で打球

　体の正面でボールを構えてからトスし、ラケットを左から右（右利きの場合）にスイングして、左横回転をかける。ボールの後ろ側をこすると横回転、下側をこすると横下回転になる。トスを高くすると難しいので、低めに投げ上げることがポイントだ。

正面から

トスと同時にラケットをフリーハンド側に引く。トスは低めに。

あごに沿わせるようにしてスイング。ラケットを前に押し出さない。

体の正面でバック面を使って出すサービス。打ち終わった後、体が正面を向き、バックハンドで対応しやすいので、3球目バックハンドを得意とする選手に適している。

構えは人それぞれ。やりやすい形でOK

　バックサービスは最初の構えの形が選手によって異なる。ボールの横にラケットを構えるタイプ（写真①）、トスする腕の上にラケットを構えるタイプ（②）、トスする腕の下にラケットを構えるタイプ（③）と3パターンあるので、それぞれ試してみてやりやすい構えを選ぼう。

あごに沿わせるようにしてスイング

　顔の左側（右利きの場合）からスイングを開始し、あごに沿わせるように振ることがバックサービスのポイント。打球位置は胸より少し高いところ。このスイングをベースにしながら、ボールのどこをとらえるかで、さまざまな回転を作ることができる。

PART 5 サービス&レシーブ

レシーブ

グリップエンドの位置で回転を判断しよう

　レシーブで大切なことは回転の見極めだ。サービスのスイングを見て、上回転系なのか、下回転系なのかをまずは判断しなければならない。見極めは、グリップエンド(柄の先端)に注目。グリップエンドが立っていれば(写真①)、基本的には上回転系(横上回転も含む)で、グリップエンドが横向きの場合は下回転系となる(②)。この見極め方はバックサービスでも使えるので、実戦では常に意識しよう。

ラケットを下げて、ボールを右ふともも上まで引きつける。

相手のサービスを返球することを指す「レシーブ」は、卓球でも最も重要なテクニックのひとつ。まずは相手のサービスの回転を見極めて、ミスなく返せるようにする。その後はドライブレシーブにも挑戦しよう。

ハーフロングサービスにはコンパクトなスイングでドライブ

　台から出る長いサービスに対しては、上回転系、下回転系ともにドライブで攻撃的にレシーブをしたい。下写真は、台からギリギリ出るハーフロングサービスに対するドライブレシーブ。強く打球しづらいハーフロングには、打球ポイント付近に右足を出して、小さいバックスイングでコンパクトに打球する。「バックスイングの大きさも"ハーフ"（半分）に」と覚えよう。

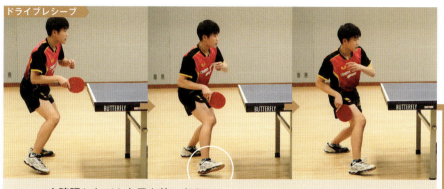

ドライブレシーブ

コースを確認しながら右足を前に出す。

コンパクトなスイングで打球。威力よりも安定性を重視。

113

PART 5 サービス&レシーブ
横回転に対するレシーブ

横回転は横に飛ぶ性質がある

　右横回転のボールは、打球面を正面に向けて打ち返すと（レシーブ側から見て）右に飛ぶ性質がある（右図参照）。相手コートに返すには、打球面を左側に向けて打たなければならない。左横回転の場合は逆に考えればOKで、打球面を右に向けて返球する。

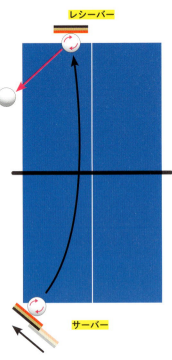

フォアレシーブ、バックレシーブともに打球面を左側に向けて打つ。
つまりボールの右側をとらえる。

初級者が苦戦しやすいのが横回転サービスに対するレシーブだ。特に左横・右横回転が混ざることで難易度は高まっていく。まずは、それぞれの回転に対する返し方を覚えてから、回転の見極めにも挑戦しよう。

右横回転と左横回転を簡単に見極める方法

　右横回転と左横回転を混ぜて出されると判断に迷ってしまうので、簡単に見極めるための2つの方法を紹介しよう。1つ目は「サービスの面が向いた方向に返す」という考え方。たとえば下写真の左横回転で考えれば、サービスの面はレシーバーから見て右側を向いているので、コートの右側を狙って返球すればOK。
　もう1つは「相手と同じ側面をとらえる」という考え方。下の左横回転の場合、レシーバーから見て、サービスはボールの左側を触って回転をかけているので、レシーバーもボールの左側をとらえて返球するということになる。

対 左横回転
スイング方向

Point
レシーブでは相手のボールの勢いや回転を利用する「他力プレー」が大切だ。自分から回転をかけたり、強く打つ「自力プレー」ではミスしてしまう。まずは「当てるだけ」で返して、確実性重視のレシーブを心がけよう。

フォアレシーブ

バックレシーブ

対右横回転（左ページ）とは逆側に打球面を向けて打つ。
強くは打球しないで、「当てるだけ」のイメージから始めよう。

PART 5 サービス&レシーブ
ストップ

フォアツッツキと同じ打ち方でネット際に「置く」

　基本的な打ち方はフォアツッツキ（p.52）とほぼ同じで、ただし打ち返すというよりは狙いたい場所に「置く」イメージで優しくとらえる。ツッツキ同様、ボールの真後ろではなく、やや横側をとらえることで飛距離が抑えられ、短く止めやすくなる。

フォアストップ

角度を作って、バウンド位置にラケットを持ってくる。

「置く」イメージで打球。サイドをとらえることで短くなりやすい。

レシーブで必須になるのが、短いボールに対する台上テクニック。短く返球するストップは下回転やナックルのショートサービスに対する技術で、相手の3球目強打を防ぐことができる。

バウンド直後の早い打球点でとらえる

バックツッツキと同じ入り方で、ネット際にボールを「置く」イメージで打球する。打球点はバウンド直後が理想。打球点を早くすると、触るだけでも下回転がかかり、より質の高いストップになる。

フォアストップと同じく、角度を作ってからバウンド位置に近づく。

自分から切ろうとはせず、「置く」だけ。

PART 5　サービス&レシーブ
CHECK!

しっかり足を出す&ひじを曲げて打球する

台上テクニック全般で大切なことは、しっかり足を出して、ボールに近づいて打つこと。またストップはひじが伸び切ってしまうとうまく打てないので、曲げた状態でボールをとらえることも意識したい。

対下回転、対ナックルでの角度の違いに注意

対下回転

対ナックル

相手の回転に合わせて、ラケットの角度を調節することも大切だ。下回転に対する打球であればラケットはやや上向きになり、ナックルに対して打つ時はラケットはやや前を向く。上向きのままナックルサービスをストップして浮かしてしまう人は注意しよう。ちなみに横回転や上回転に対するストップも可能ではあるが難易度が高いので、p.120〜121で紹介する「フリック」での返球を基本としたい。

自己点検＆効果的な練習法
ストップ

「2回バウンド＆キャッチ」で止める感覚を身につける

どうしても返球が長くなってしまう人は、送られてくる短いボールに対して、「トントン」とラケットの上で2回弾ませてから返球する練習をやってみよう。バウンドさせるには前に飛ばしてはいけないので、自然と飛ばさない感覚が身についていく。

2回バウンドでの返球ができるようになったら、次は飛んでくるボールをラケットでキャッチする練習に挑戦。ラケット上でバウンドさせずに、ラケットに吸い付かせるようにキャッチできたら合格だ。

PART 5 台上テクニック
フリック

打つ方向にラケットの先端を伸ばすイメージ

　右足（右利きの場合）を出してボールに近づき、打つ方向にラケットの先端を伸ばしていくようなイメージで、前腕をたたみながらスイングする。最初は強く打とうとしないで、手首から先の力だけで飛ばせばOK。ラケットの角度はやや下向きとなる（目安はラケット2枚分かぶせるイメージ）。

左足（左利きの場合）を出して、ボールの後ろにラケットをスタンバイ。

前腕をたたみながら（曲げながら）打つ。

上回転や横回転などの短い返球に対する台上テクニックで打ったボールは上回転で返球される。基本的には上回転、横回転、ナックルに対して使うことが多く、質が高くなると攻撃的な返球も可能だ。

動画でチェック！

親指でボールをなでるイメージで打つ

　右足（右利きの場合）を出した状態で、基本打法のバックハンドと同じ姿勢でボールを待つ。バックドライブと同じく親指でボールをなでるイメージ（p.77）がポイントだが、強く回転をかけようとはしない。

バックフリック

左足（左利きの場合）を出して、おなかの前にラケットを準備。

親指でなでるようにしてスイング。

PART 5 サービス&レシーブ
CHECK!

フォアフリックはひじを内側に入れる

　フォアフリックはひじを内側(体の中心)に入れることで安定した打球になる。上記のように脇が開いて、ひじが外側にある人は注意しよう。

バックフリックは親指を打つ方向に向ける

　バックフリックは親指でボールをなでつつ、打ちたい方向に親指の指先を向ける。また打つ前にラケットの先端は真横ではなく、ななめ45度くらいに向けて準備しよう。

自己点検&応用テクニック
フリック

動画でチェック！

下回転を打つ時はラケットをボールに下に入れ込む

フォアフリック

バックフリック

　短い下回転に対しては無理にフリックはせず、ツッツキやストップでの返球が基本。下回転に対してフリックする場合は、ネットミスしないように通常よりもボールの下にラケットを入れ込むことを意識し、手首を回しながら打球しよう（上写真）。

PART 5　サービス&レシーブ
チキータ

ひじを高くして、引いた反動を利用してスイングする

　基本的なスイングはバックドライブに近いが、チキータではひじの位置を高くキープすることで、体の前にスペースを作る。バックスイングでは手首が内側に曲がり、引いた反動を利用しながら強い回転をかける。

手首を曲げながら、ボールに合わせてラケットを引く。

引いた反動を使いながらスイングを開始。

バックドライブに近いテクニックで、台上でボールに強い上回転（横上回転）をかけて返球する。上級者ではレシーブ技術の主軸となるが、難易度は高いため初級者は無理に使わなくてもOKだ。

動画でチェック！

台につける

おなかにつける

Point
チキータは形（フォーム）作りが重要。まずは、ラケットハンドの甲を台につけ、その状態からラケットをおなかにつけるようにして引く。これがバックスイングの形になるので、素振りとしてこの動きを確認してから打球練習に入ろう。

ボールの上側をこすって「転がす」イメージで振り抜く。

125

PART 5 サービス&レシーブ
Let's Try!

ボールの上側をとらえる「台上バックドライブ」

厳密には、チキータは2種類の打ち方があるので、それぞれの違いを理解したうえで練習していきたい。ひとつ目は、上回転や横回転のボールに使うボールの上側をとらえるチキータで、「台上バックドライブ」とも言われる。右ページの下回転に対する打ち方と比較すると水平に近いスイングとなる。

手首を曲げながらバックスイング。ラケットの先端は横を向く。

ボールの上側をとらえて、水平にスイング。上回転をかける。

応用テクニック
2種類のチキータ

横回転をかけてこすり上げる。下回転に有効な打法

　もうひとつは、下回転に対して使うテクニックで、ボールのななめ後ろをとらえて、横回転を強くかけつつ、こすり上げる打法だ。打球時にラケットの先端が下がるのが、対上回転との違いで、先端を前に送り出すようにしてスイングする。また打球と同時にひじを下げることでスイングを速くすることができる。

ラケットの先端、親指を下に向けながらバックスイング。

ボールの左側をとらえて、ななめ上方向にスイング。横上回転をかける。

PART 6 3球目攻撃＆練習法

3球目攻撃

ショートサービスからの展開／基本の3パターン

　サービスには様々な種類があり、3球目の攻め方も選手によって異なるが、まず基本として身につけたいのが、ショートサービスからの3球目攻撃。短い下回転サービスを出して、相手にツッツキでレシーブをさせて、それをドライブで攻める。このパターンは、①フォアサイドでフォアドライブ、②バックサイドでバックドライブ、③バックサイドで回り込みドライブの3パターンがあるので、それぞれ練習しよう。

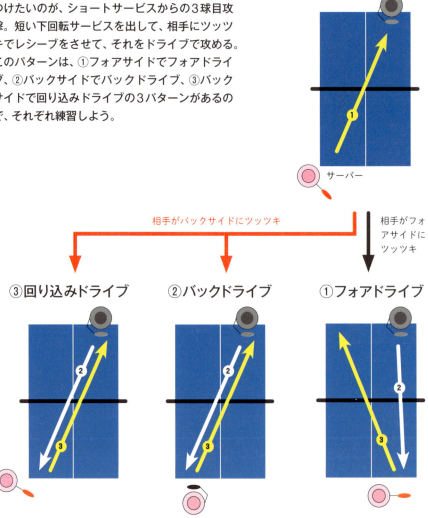

卓球において最も重要な得点パターンが、サービスで相手のレシーブを崩して、次球で攻める「3球目攻撃」だ。フォアサイド、バックサイドどちらにレシーブされても攻められるように練習していこう。

回り込みドライブ

Point　3球目攻撃ではクロスとストレート、どのコースにも狙えるように練習しておきたいが、チャンスボールの時は「ミドル狙い」がおすすめ。両サイドに打つと、運悪く相手にカウンターブロックで返されてしまうことがあるからだ。そのようなアクシデントを避けるためにも、普段の練習から相手が返しづらいミドル狙いを意識しておこう。

GOOD ○

129

PART 6　3球目攻撃＆練習法
Let's Try!

相手にフリックレシーブをさせる展開

　上回転のラリーを得意とする選手は、上回転や横回転のショートサービスを出して、相手のフリックレシーブを狙う3球目攻撃も身につけよう。このパターンでは相手のレシーブが長めに来るので、サービスを出した後、台との距離を取ることが重要。台に近いままだと詰まってしまい、強く攻めることができないからだ。

サーバー（奥）が短い横回転サービスを出す

レシーバー（手前）がフリックで返球。サーバーはサービスの後、一歩下がる

3球目バックハンドで攻める

効果的な練習法
その他の3球目攻撃

ロングサービスからの展開

　ブロックやカウンターを得意とする選手の場合は、ロングサービスを出して、相手にドライブをかけさせてから次を狙う戦術も有効だ。サービスは上回転よりも強打されにくいナックルサービスが有効で、下から持ち上げるような、あまいドライブにさせることがポイントになる。また左ページ同様、サービスを出した後は台との距離を取ろう。

サーバー（奥）がナックルのロングサービスを出す

レシーバー（手前）がドライブで返球。サーバーはサービスの後、一歩下がる

3球目バックカウンターで攻める

PART 6　3球目攻撃&練習法
Let's Try!

相手に攻めさせる展開も練習しよう

　自分から3球目でどんどん攻めるのが理想だが、実戦ではそう簡単に攻めさせてもらえない。3球目をツッツキで返して、次球を相手にドライブで攻められた時の守りの展開も強化したい。3球目練習では、攻めの展開だけにならず、守りの展開も取り入れることで、穴のない選手になっていくはずだ。

サーバー(奥)が短い下回転サービスを出す

レシーバー(手前)がツッツキで返球

レシーバーが4球目ドライブで攻める

効果的な練習法
相手に攻めさせる展開

【戦術】どの展開が有利かチェックしながら戦おう

　基本的な3球目のパターンを紹介してきたが、どの展開が有利に働くのかは相手のタイプによっても変わるので、試合ではそこを見極めることが大切だ。たとえば、試合の序盤は下回転サービスを出して、自分から攻める展開と相手に攻めさせる展開の両方を試し、どちらが効果的か探る。相手がブロックを得意としている場合、必ずしも自分から攻める展開が良いとは限らない。次に、上回転サービスを出してどういう対応をしてくるかをチェックする。苦手そうであれば、上回転サービスを軸に戦うのが良いだろう。同様にロングサーブに対して攻めるのか、つなぐだけなのかも序盤にチェックしておきたい。
　自分の得意パターンを軸にしながら、以上のようなチェックで相手の特徴や弱点を探っていけば、勝率はグンと上がっていくはずだ。

サーバーが3球目をツッツキで返球。相手の攻めに備えて打球後は一歩下がる

サーバーが5球目ブロックで返球

PART 6 3球目攻撃&練習法

ラリー練習と多球練習

ドライブ練習でおすすめ

同じ球質のボールを連続で何球も打つことができる「多球練習」は、非常に効率的な練習法だ。特にラリー練習では連続して打球することが難しい「下回転に対するドライブ」などの強化に最適である。また送球パターンを工夫すれば、実戦に近い展開を鍛えることも可能だ。

左手にボールを持って、ラケットを後ろに引く

ボールを直接ラケットに当てながら打球（フォアハンドの打ち方）

134

練習には選手同士でボールを打ち合う「ラリー練習（1球練習）」と、たくさんのボールを用意して、送球者が出すボールを打球する「多球練習」がある。ここでは多球練習の送球方法などを学ぼう。

上回転はノーバウンド、下回転はワンバウンドさせる

　送球方法のポイントを紹介しよう。立ち位置はバックサイド、台の横側に立ち、左手にボールを3球ほど持つ。上回転の場合は、台にバウンドさせずボールをラケットに直接ぶつける出し方が基本。練習者のレベルに応じて、ボールの強さや回転量を調整しよう。下回転は、一度台にバウンドさせてから、ボールの底にラケットを滑り込ませるイメージで打球する。バウンドしてすぐ、早めの打球点でとらえると質の高い送球になる。

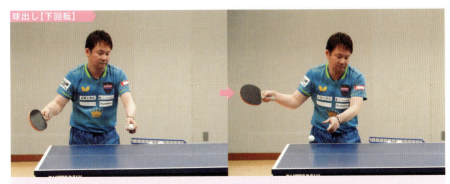

ラケットを引いたら、ボールを台にバウンドさせる（後方に向かって投げる）

ボールのななめ下をとらえて、下回転をかける（フォアツッツキの打ち方）

135

PART 6　3球目攻撃&練習法
Let's Try!

フォアハンド&バックハンドの基本練習

　基本打法のフォアハンド、バックハンドのラリーがある程度続くようになったら、次はフットワークを加えた練習に取り組んでいく。ラリーのテンポはゆっくりで構わないので、最初は正確なスイング、フットワークを意識して、なるべくミスなくラリーしよう。

フォアハンド強化

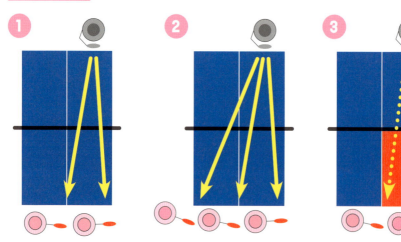

① フォアとミドルに1本ずつ返してもらい、左右に動きながらフォアハンドで返球

② フォア→ミドル→バックの順に返してもらい、それをすべてフォアハンドで打球

③ フォア側半面に自由に返してもらい、すべてフォアハンドで打球

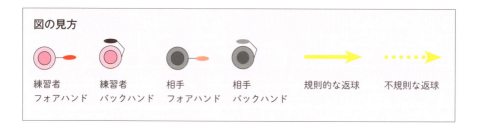

効果的な練習法
練習①フォア&バックハンド

バックハンド強化

④ バックとミドルに1本ずつ返してもらい、左右に動きながらバックハンドで返球

⑤ バック側半面に自由に返してもらい、すべてバックハンドで打球

Point しっかり動いて、必ず体の正面で取る。

ポジションによって体の向きを変えよう

　ミスが多い人は、打つ場所によって体の向きを変えているかチェックしよう。打球を安定させるには打つ方向に体を向ける意識が大切だ。
　たとえば下図のように両サイドから相手のバックサイドにフォアハンドで返球する練習の場合、バックサイドで打つ時は相手のバックサイドに体を向けて打球する。フォアサイドと同じ向きで打ってしまうと、体の向きに対して右側にボールを飛ばすことになり、ミスしやすくなる。

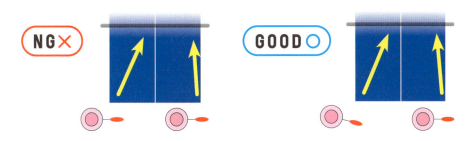

PART 6　3球目攻撃&練習法

Let's Try!

フォアハンドとバックハンドを混ぜた練習

　フォアハンドとバックハンドそれぞれの基礎練習に加えて、2つを組み合わせた切り替え練習も必須のメニューだ。規則的な練習で安定性を高めたら、より実戦に近い不規則な練習にも挑戦しよう。

規則的な練習

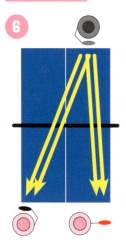

フォアとバックに2本ずつ返してもらい、それぞれフォアハンド、バックハンドで返球

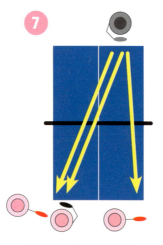

バックハンド→回り込みフォアハンド→フォアサイドでフォアハンドの3本セットを繰り返す

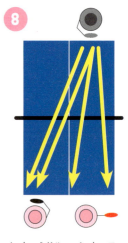

バック→ミドル→バック→フォアで返してもらい、バックハンド、フォアハンド交互で返球（ミドルはフォアハンド）

Point　切り替えでは、ラケットの引きすぎに注意。ひじが常に体より前にある状態をキープし、「体の前で切り替える」意識を持とう（p.98～99参照）。

フォアハンド

バックハンド

効果的な練習法
練習②両ハンドの切り替え

不規則な練習

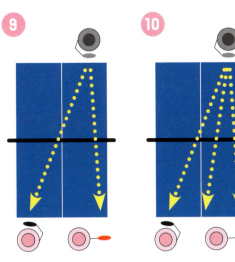

両サイドに1本か2本で返してもらい、両ハンドで返球

全面に自由に返してもらい、両ハンドで相手のバックサイドに返球

Point 全面に対する練習（⑩）では、どの範囲をバックハンドで打ち、どこからフォアハンドで打つのかを明確にすることが大切だ。フォアが得意な選手であれば、フォアの範囲は広くなるし、逆にバックが得意であればミドル付近もバックで取ることになる。自分のプレースタイルに合わせた適切な「境界線」を把握しておこう。

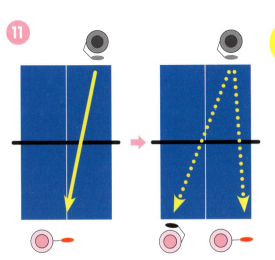

Point この練習ではミドルのボールはすべてフォアハンドで打ちたいので、フォアサイドで打った時に体が外側に流れないよう注意したい。そのためには体の軸、体幹を崩さないように動くことが大切だ。

ミドルに1本、そのあと両サイドどちらかに1本で返してもらう。ミドルのボールはすべてフォアハンドで返球

PART 6　3球目攻撃&練習法
Let's Try!

ツッツキからのドライブ強化

　初・中級者がつまずきやすい技術のひとつでもある下回転に対するドライブは、多球練習で繰り返し練習することが大切だ。ドライブのみの練習で感覚をつかんだら、ツッツキからの流れの中で正確に打てるようにしよう。

ドライブ強化

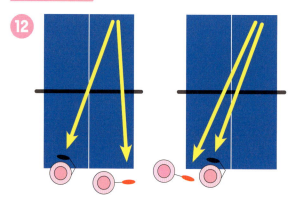

多球形式で、バックに来る下回転をバックツッツキ、フォアに来る下回転をフォアドライブのパターン（左）と、同様にバックツッツキ→回り込みフォアドライブのパターン（右）を、それぞれ交互に行う

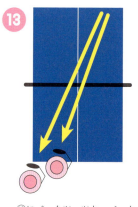

⑫にバックツッツキ→バックドライブのパターンも追加。3つの展開を1回ずつ繰り返す

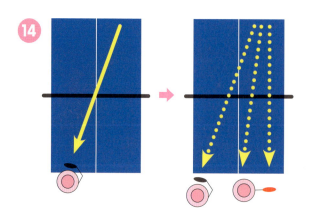

上記のランダムバージョン。バックツッツキをした後、全面に来る下回転をドライブで返球。バックサイドは回り込みフォアドライブとバックドライブの両方を使う

効果的な練習法
練習③対下回転ドライブ

対ハーフロング強化

ドライブ強化として、台から出るか出ないかの短めのボール「ハーフロング」に対する練習も重要だ。長いボールと混ぜて、長短の判断力も身につけていきたい。

⑮ 通常の長い送球とハーフロング、2種類の下回転を交互に出してもらい、それをフォアドライブで打球する。慣れてきたら、交互ではなくランダムで行い、長短の判断をしながら対応

ドライブの後のラリー強化

ドライブを打った後の上回転のボールに対する打球でオーバーしてしまうケースは多い。左ページで紹介したドライブ練習に上回転の送球を1球加えることで、ドライブ後のラリーを強化することができる。

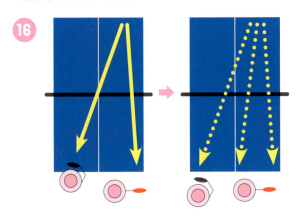

バックツッツキ→フォアドライブの後に、全面ランダムで上回転を送ってもらい、両ハンドで返球

PART 6　3球目攻撃&練習法
Let's Try!

　ここでは、私が高校時代に行っていた練習メニューを紹介しよう。とにかく「簡単にミスしてはいけない」という空気感があり、ラリー練習であれば30〜40本はミスなく続くのが当たり前だった。

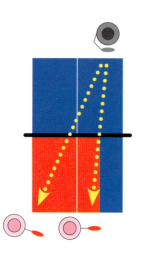

3/4面オールフォア

　バック側3/4のスペースにブロックで返してもらい、それをすべてフォアドライブで返球。私は、フットワークを使ったフォア主戦タイプだったので、フットワークを鍛える練習はかなり取り組んだ。30本以上続けるのが基本で、この練習を1コマ15分で行った。

3点の引き合い

　中・後陣でお互いにドライブを打ち合う「引き合い」の練習。チームの中でもレベルが低い選手はフォアクロスのみの練習になるが、レベルが高い選手は3点の打ち分けを加えた形で行う。右の4往復が1セットとなり、これを3セットノーミスで続けることが目標となる。

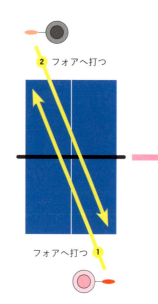

142

効果的な練習法
青森山田時代の練習法

フォア前からの全面フォアドライブ

　下回転に対するドライブを鍛える多球練習で、フォア前の短い下回転をフォアストップで返してから、全面に来る下回転をすべてフォアドライブで打球。100セット行い、95本以上成功で合格。94本以下の場合は、もう100セット行う。

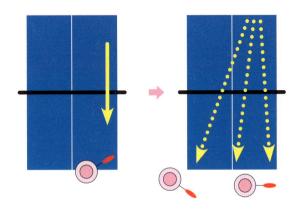

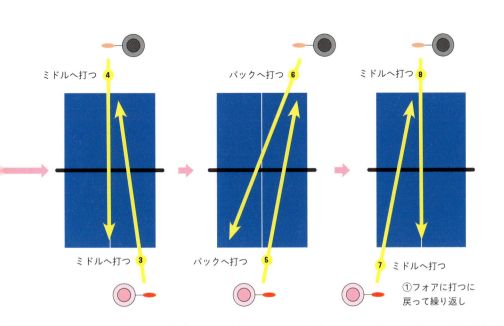

PART 6　3球目攻撃&練習法
Let's Try!

　試合につながる練習にするには、基礎練習や応用練習、実戦練習をバランス良く組み合わせることが大切だ。練習時間が2時間とした場合に、どのような練習メニューを組むと良いのか、一例を紹介していこう（※2時間に準備運動、休憩時間は含まない）。

1　サービス練習（15分）

　ウォーミングアップも兼ねてのサービス練習。疲れてから行うと集中力も下がるため、練習の最初に行う。

2　乱打（15分＝フォアクロス7分半／バッククロス7分半）

　いわゆる基礎打ち。フォアクロスでのフォア対フォア、中級者はドライブ対ブロックも行う。バッククロスはバック対バック、バックドライブ対ブロック、回り込みフォアドライブ対ブロックを行う。

3　3球目攻撃&切り替え2本2本（7分半×2）

　3球目攻撃の後にそのまま両サイド2本ずつの切り替え練習につながるメニュー。3球目攻撃は以下①～③のパターンを1ラリーごとに変える。
①下回転サービス→相手がフォア側にツッツキ→ストレートにフォアドライブ
②下回転サービス→相手がバック側にツッツキ→クロスにバックドライブ
③下回転サービス→相手がバック側にツッツキ→クロスに回り込みフォアドライブ
　その後の切り替え練習は、相手にフォアサイド2本、バックサイド2本ずつで返してもらい、以下④～⑥のパターンを1セットずつ交代しながらラリーを続ける（右上図）。
④フォアハンド2本→バックハンド2本
⑤フォアハンド2本→バックハンド1本→回り込み1本
⑥フォアハンド2本→回り込み2本（→④へ戻る）
　以上を1人7分半で行い、相手と交代して計15分となる。

効果的な練習法
1日の練習メニュー案（1）

Point 3つの攻め方をバランスよく強化するために、同じパターンを繰り返すのではなく、交代で行うことがポイント。同時に、それぞれの攻め方の成功率も確認して、どれが得意でどれが苦手なのかのデータを取ることも重要だ。

切り替え2本2本の3パターン

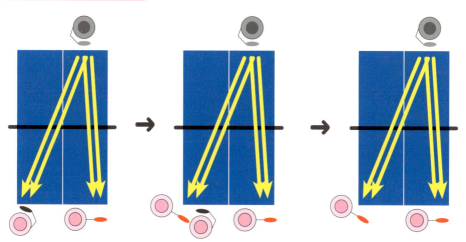

フォアハンド2本
→バックハンド2本

フォアハンド2本
→バックハンド1本
→回り込み1本

フォアハンド2本
→回り込み2本

PART 6　3球目攻撃&練習法
Let's Try!

④　3球目攻撃&バック・ミドル・バック・フォア(7分半×2)

　【メニュー3】と同じく3パターンの3球目攻撃(1ラリーごとに交代)、その後はバック→ミドル→バック→フォアの切り替えラリー。何セットか続いたらバックサイドのボールを回り込んでフォアハンドで打球し、次を飛びつきフォアハンドで返してからオール(自由にラリー)。

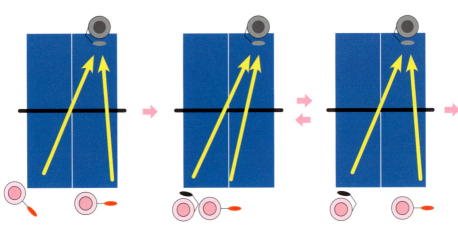

サービスを出してフォアサイドからフォアドライブ

バックハンド→ミドルでフォアハンド→バックハンド→フォアサイドでフォアハンドの繰り返し

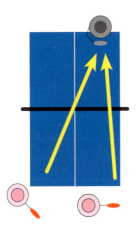

バックサイドのボールを回り込みフォアハンド→飛びついてフォアサイドでフォアハンド。その後はオール(自由)

効果的な練習法
1日の練習メニュー案(2)

5　4球目ブロック&不規則な切り替え練習(7分半×2)

相手のサービスからスタートして4球目ブロックからの切り替え練習。3球目で相手がクロスに打つか、ストレートに打つかの2パターンがあり、1ラリーごとに変える。

相手がバックに下回転サービス→ストレートにツッツキ→相手がクロスorストレートにフォアドライブ→相手のバックサイドにフォアorバックブロック。その後の切り替えは、両サイドに1本か2本で返してもらい両ハンドで返球。

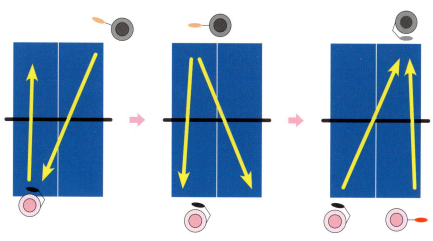

バックへの下回転サービスをフォアサイドへツッツキ

相手がフォアサイドからドライブ(クロス/ストレートを1ラリー毎に交代)

両ハンドで相手のバックサイドにブロック。その後は切り替え練習へ移行。

Point　3・4球目練習、切り替え練習を別々にやるのではなく、一緒に行うことで効率的に両方が強化できる。また切り替え練習は規則的なメニュー、不規則なメニューの両方を取り入れることも大切だ。

PART 6　3球目攻撃&練習法

Let's Try!

6　ロングサービスからのブロック&バック対オール(7分半×2)

相手にドライブレシーブで攻められる展開を強化するメニュー。①バックサイドにロングサービス、②相手がドライブレシーブ、③クロスにバックブロック、そのあとはバック対オールの切り替え練習(p.139 練習⑩)。

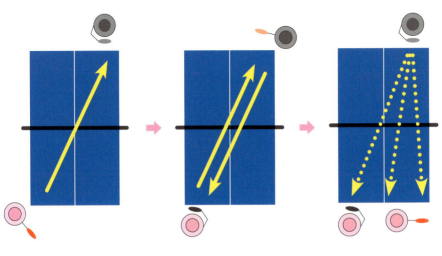

相手のバックサイドにロングサービス

相手のドライブレシーブをバックブロック

バック対オールの切り替え練習

7　ゲーム練習(30分)

3ゲームマッチ(2ゲーム先取)の試合を繰り返す。「試合で勝つ」ことが目標ならば、ゲーム練習は毎日取り入れたい。

以上で120分となる。時間は限られているので、同じ練習を長くやるのではなく、複数のメニューを組み合わせることがポイントだ。これらを基本にしながら、多球練習や、各選手の課題を鍛える課題練習なども加えると良いだろう。

効果的な練習法
1日の練習メニュー案(3)

練習のポイント①強く打ちすぎに注意

　卓球で大切な要素のひとつは「確率」だ。どんなに強い打球でも、ミスが多くては意味はない。威力を上げることが目的の練習であれば、多少ミスをしても良いが、通常の3球目練習、フットワーク＆切り替え練習などは、必要以上に強くは打たず、自分がコントロールできる範囲の威力で確実に入れることを意識したい。
　フットワーク練習などの場合は、5セット続けることが目安。たとえば2点フットワーク（p.136・練習①）であれば最低でも10本はミスなく続けられるようにしよう。

練習のポイント②ゲーム練習でも「確率」を意識しよう

　試合形式で行うゲーム練習は、もちろん勝敗も大切だが、同時に意識したいのが、練習した技術がどのくらいの確率で入っているかどうか。特に3球目攻撃が何％の確率で入っているのかを試合の中で把握したい。目標は80％で、それより低い場合は、技術力が足りてないか、強く打ちすぎているので、改めて3球目攻撃の練習を繰り返して、精度を高めよう。

PART 7　粒高&カット
粒高のブロック＆プッシュ

ボールを待って、前後に動かさない

　上回転に対してはブロックが基本技術となり、粒高で打った場合は下回転になって返球される。飛ばしすぎないようラケットは前後に動かさないことがポイントで、自分からラケットは出さず、ボールがラケットに当たるまで待つくらいのイメージで打とう。ラケットを下に振り下ろすことでより強い下回転をかけることができる。

粒高のブロック

ラケットのところまでボールを引きつけるイメージで待つ

ラケットを真下に振り下ろして打球。スイングの大きさはラケット1つ分

裏ソフトや表ソフトとは異なる性質を持つ粒高ラバーは、身につけるべきテクニックも変わってくる。ここでは最も基本的なブロックとプッシュについて紹介しよう。

上向きの角度でまっすぐ前に押し出す

　下回転に対して使うテクニックがプッシュ。垂直よりもラケットの厚さ1枚分上に向けて、そのままの角度で打ちたい方向に押し出す。スイングの中でラケットが上を向いてしまうケースが多いので、角度をキープすることが重要だ。打球点は頂点付近。早い打球点でとらえるとミスしやすいので注意しよう。

ラケットを打ちたい方向に向けてボールを待つ

若干上向きの角度でまっすぐ前に押し出す。打球点は早くなりすぎない

PART 7 粒高&カット
粒高対策

ツッツキに対する粒高プッシュは「ナックル」と考える

　ツッツキを粒高のプッシュで返された時は、「上回転」のボールになると思っている人が多いが、実際にはそこまで回転はかかっておらず、ほぼ「ナックル」だ。上回転だと思ってネットミスするケースが多いので、ナックルや弱い下回転と考えて、少し高めに返球することが対粒高のポイントとなる。

上写真はツッツキからの対粒高バックハンド。「ナックル」と意識し、ドライブに近い、上に振り上げるスイングで打球している。普通のバックハンドのように前に打つとネットミス（左写真）するので注意しよう。

粒高で打ったボールは、裏ソフトとは全く違った回転になるため、慣れていないと安定して返すのは難しい。対粒高ではどんなことに気をつければ良いかを学ぼう。

対粒高のラリー

　対粒高の基本的なラリー練習を紹介しよう。下回転のボールを送ったら、粒高がプッシュで返し、それをバックハンドで返球。相手がブロックで返球し、ツッツキで返すというラリーを繰り返すのだ。このラリーをミスなく続けられるようになれば、粒高に対する苦手意識はなくなるはず。慣れてきたらブロックに対するドライブも加えてみよう。

粒高でブロック（奥）　　　　　　　下回転をツッツキ

ツッツキをプッシュ　　　　　　　ナックルをバックハンド（ややドライブ）

PART 7　粒高&カット
カット

床に向かってボールを飛ばすイメージで打つ

　ラケットを顔の横まで振り上げて、肋骨の横くらいまでボールを引きつけて、ラケットを振り下ろして下回転をかける。打球点がバラつくと安定しないので、「肋骨（おなか）の横」は常に意識しよう。また前方に飛ばそうとすると、前方向へのスイングになってしまうので、「床に向かって飛ばす」イメージがあると理想の振り下ろすスイングになる。

フォアカット

ラケットを顔の高さまで振り上げて、ボールを引きつける

肋骨の横で打球。ラケットを振り下ろす

カット主戦型が使うテクニックが「カット」。上から下にラケットを振り下ろし、ドライブなどの上回転のボールを下回転にして返す技術。台から離れた位置で使うことが多い。

ラケットではなく、「ひじ」を振り下ろすイメージ

フォアカットと同様に、顔の横にラケットを持ってきて、下方向にスイング。ラケットを動かすのではなく、「ひじを下に動かす」とイメージすると、スイングが前に出にくくなる。打球点が前になってしまうと「へっぴり腰」のカットになるので、できる限り体の近くまで引きつけることがポイントだ。

バックカット

ラケットを顔の高さまで振り上げて、ボールを引きつける

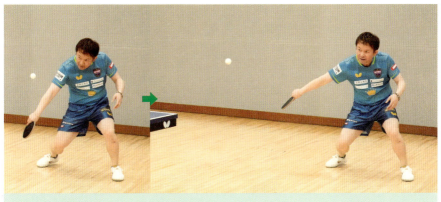

ひじから振り下ろすイメージでスイング

PART 7 粒高&カット
カット対策

カットに対してはドライブはしないでツッツキでつなげる

　対カット型で注意したいのは、無理にカットをドライブで攻めないということだ。ドライブがある程度できる中・上級者であればカットを攻めても問題ないが、初級者の場合はカットに対してはツッツキでつないで、相手のツッツキがあまくなった時にドライブで攻めるほうがミスはしくい。攻めても大丈夫なボールと、つなぐべきボールをしっかりと見極めることが大切だ。

①相手(右)がカットで返球　　②ツッツキでつなげる

③相手がツッツキで返球　　④ドライブで攻める

Point 中級以上の場合は、ツッツキに対してゆっくり飛ばすドライブと速いドライブを使い分けて、ドライブの緩急で相手のカットミスを誘うプレーも取り入れよう。

粒高と同じく、カットに対する打球を苦手とする人も多い。カット主戦型に対してどう戦えば良いか。カットに対してはどのように打てば良いか、初級者向けのポイントを紹介する。

浮いたカットに要注意。強打する場合は相手の胸を狙って打つ

相手のカットが高く浮いた時は、「チャンスボール」と思って強く攻めようとするが、こういうボールは注意が必要だ。多くの場合は強い下回転がかかっており、普通に強打するとネットミスすることがほとんどなので、切れている高いボールに対しては、「相手の胸を狙う」と意識しよう（写真下）。つまりオーバーミスする軌道で打つということだが、強い下回転の影響により、ちょうど台に入るようになる。

また粒高で打球した切れてないカットに対しては、台の「真ん中」を狙おう。深く（エンドライン際）を狙うとオーバーミスしやすいので注意したい。

あとがき

　読者の方々の中には、伸び悩んでいたり、なかなか結果を残せず、悩んでいる人もいるのではないでしょうか。そのような選手に向けて、最後に2つほどアドバイスをお伝えいたします。

　まず1つ目、目標に見合った努力ができているか見直しましょう。少々厳しい言い方になってしまいますが、私の教え子の中にも、大きな目標を持ちながら、努力が足りてない選手がいてモヤモヤする時があります。

　私自身、高校生の時は「日本代表」という目標を掲げて、そのために周りの人よりも卓球のことを考え、卓球に費やす時間も増やして、とにかく最大限の努力をして、目標を叶えることができました。

　もちろん人それぞれ「一回戦突破」「県大会出場」など目標は異なりますが、それを叶えるに値する努力ができているかどうか、結果が残せていないのならば考え直す必要があります。周りと同じような努力をしていては、ライバルを追い抜くことはできません。

　2つ目にチェックしたいのが、自分の得意技術がその目標に見合ったレベルになっているかどうかです。

　私は残念ながら世界の舞台では目立った成績を残すことができませんでした。その理由のひとつは、私の最大の武器であるフォアハンドが国内では通用するけど、海外では通用しないレベルだったからです。

　指導の中で「得意な技術を伸ばそう」とよく言われますが、目標を叶えるには、どのレベルまで伸ばす必要があるかも考えなければなりません。加えて、得意な技術で短所をカバーできるくらいにならないと、勝つことは難しいのです。

　まず目標を作り、それに見合った努力をして、それに見合った技術レベルまで自分の得意技術を高める。そうすれば結果はついてくるはずです。

著者
三田村宗明　みたむら・むねあき
リトルキングス監督、元日本代表、バタフライ契約コーチ

1981年生まれ、東京都出身。小学校3年から卓球を始め、目黒区立第七中学校から青森山田高に進学。インターハイでは高校1年生だけのメンバーで団体優勝を果たし、3年次に3連覇を達成。青森大学卒業後は日産自動車に所属。全日本選手権では6年連続でベスト8入り。1999・2001年 世界選手権日本代表。現在は強豪クラブ・リトルキングスの監督として指導にあたっている。

モデル
小林直喜（左）、望月優愛（右）
（ともにリトルキングス／ 2024年3月 撮影時）

中学デビューシリーズ
卓球入門

2024年9月30日　第1版第1刷発行

著者　三田村宗明

発行人　池田哲雄
発行所　株式会社ベースボール・マガジン社
　　　　〒103-8482
　　　　東京都中央区日本橋浜町2-61-9　TIE浜町ビル
　　　　電話　03-5643-3930（販売部）
　　　　　　　03-5643-3885（出版部）
　　　　振替口座　00180-6-46620
　　　　https://www.bbm-japan.com/

印刷・製本　共同印刷株式会社

©Muneaki Mitamura 2024
Printed in Japan
ISBN 978-4-583-11676-1　C2075

★定価はカバーに表示してあります。
★本書の文章、写真、図版の無断転載を禁じます。
★本書を無断で複製する行為（コピー、スキャン、デジタルデータ化など）は、
　私的使用のための複製など著作権法上の限られた例外を除き、禁じられています。
　業務上使用する目的で上記行為を行うことは、使用範囲が内部に限られる場合で
　あっても私的使用には該当せず、違法です。また、私的使用に該当する場合であっても、
　代行業者等の第三者に依頼して上記行為を行うことは違法となります。
★落丁・乱丁が万一ございましたら、お取り替えいたします。
★QRコードはデンソーウェーブの登録商標です。
★動画は、インターネット上の動画投稿サイト（YouTube）にアップしたものに、
　QRコードで読み取ることでリンクし、視聴するシステムを採用しております。
　経年により、YouTubeやQRコード、インターネットのシステムが変化・終了したことにより
　視聴不良などが生じた場合、著者・発行者は責任を負いません。また、スマートフォン等での
　動画視聴時間に制限のある契約をされている方が、長時間の動画視聴をされた場合の
　視聴不良などに関しましても、著者・発行者は責任を負いかねます。